海南全面深化改革开放和中国特色自由贸易港大事记

（2018 年 4 月—2023 年 4 月）

大事记编写组 编

海南出版社
·海口·

图书在版编目（CIP）数据

海南全面深化改革开放和中国特色自由贸易港大事记：2018年4月—2023年4月 / 大事记编写组编. -- 海口：海南出版社，2023.9

ISBN 978-7-5730-1368-2

Ⅰ. ①海… Ⅱ. ①大… Ⅲ. ①自由贸易区—经济发展—研究—中国—2018-2023 Ⅳ. ①F752

中国国家版本馆CIP数据核字(2023)第190794号

海南全面深化改革开放和中国特色自由贸易港大事记（2018年4月—2023年4月）

HAINAN QUANMIAN SHENHUA GAIGE KAIFANG HE ZHONGGUO TESE ZIYOU MAOYIGANG DASHIJI （2018 NIAN 4 YUE — 2023 NIAN 4 YUE）

大事记编写组　编
责任编辑：陈文惠
执行编辑：宁文菲
封面设计：柏拉图
内文排版：卢雅彬
海南出版社　出版发行
地　　址：海口市金盘开发区建设三横路2号
邮　　编：570216
电　　话：0898-68567076
印刷装订：海南永发印刷股份有限公司
版　　次：2023年9月第1版
印　　次：2023年9月第1次印刷
开　　本：787 mm × 1092 mm　1/16
印　　张：20.25
字　　数：234千字
书　　号：ISBN 978-7-5730-1368-2
定　　价：88.00元

大事记编写组

组　长：张庆昌　蓝碧茹

成　员：陈宇聪　肖　路　郑　昕　宁文菲

前　言

2018年4月13日，习近平总书记出席庆祝海南建省办经济特区30周年大会并发表重要讲话，郑重宣布支持海南全面深化改革开放，逐步探索、稳步推进中国特色自由贸易港建设。五年来，在习近平总书记亲自谋划、亲自部署、亲自推动下，中央国家有关部门主动指导、大力支持，海南把准正确方向、把好推进节奏，推动全面深化改革开放在诸多领域实现历史性突破，自由贸易港建设实现从“顺利开局”到“蓬勃展开”到“进展明显”再到“蓬勃兴起”。

2022年4月10日至13日，习近平总书记再次亲临海南考察并发表重要讲话，从四个方面对海南发展给予充分肯定：一是自由贸易港建设进展明显，整体推进蹄疾步稳、有力有序；二是全省上下干事创业热情高涨，干部能力素质明显提高；三是发展质量不断提升；四是发展环境不断优化。习近平总书记的肯定是对海南的极大鼓舞和鞭策，让全省上下倍感振奋。

过去五年，是海南发展史上极不平凡、具有里程碑意义的五年。为集中展示五年来海南经济社会发展取得的历史性成就，海南省委深改办、省委党史研究室组织编写了《海南全面深化改革开放和中国特色自由贸易港大事记（2018年4月—2023年4月）》。全书以改革开放为主线，突出反映了2018年4月至2023年4月这五年间，海南全面深化改革开放和自由贸易港建设实施的一系列开创性举措、取得的一系列标志性成果、促成的一系列转折性变化。

本书编辑体例采取编年体形式，记叙的事件均按年月日为序，所述内容主要来自历史档案、文件，以及《人民日报》《海南日报》等媒体的权威报道，充分尊重历史，坚持客观叙述。编辑过程中对表述内容进行规范精简，以及核校完善，力求完整、精准。

目　录

CONTENTS

大事记（极简版）

2018年4月—2023年4月

2018年

4月8日—11日

博鳌亚洲论坛2018年年会在琼海博鳌举行。国家主席习近平出席开幕式并发表题为《开放共创繁荣 创新引领未来》的主旨演讲。

4月11日

习近平总书记先后到琼海、三亚、海口等地，深入农村、科研单位、政务中心，考察调研经济社会发展情况。王沪宁陪同。（13日结束）

中共中央、国务院印发《关于支持海南全面深化改革开放的指导意见》，赋予海南经济特区改革开放新使命，建设自由贸易试验区和中国特色自由贸易港。

4月12日

中央军委在南海海域举行海上阅兵。中共中央总书记、国家主席、中央军委主席习近平检阅部队并讲话强调，要深入贯彻新时代党的强军思想，坚定不移加快海军现代化进程，努力把人民海军全面建成世界一流海军。

4月13日

庆祝海南建省办经济特区30周年大会在海南海口举行。习近平总书记出席大会并发表讲话指出，海南要着力打造全面深化改革开放试验区、国家生态文明试验区、国际旅游消费中心、国家重大战略服务保障区，形成更高层次改革开放新格局。

4月22日

省委、省政府发布《关于进一步稳定房地产市场的通知》，实行严格的限购政策，进一步加大对房地产市场的调控力度，倒逼经济发展转型。

5月1日

海南省实施59国人员入境旅游免签政策。受新冠疫情影响，该政策于2020年3月28日起暂停；2023年3月15日正式恢复实施。截至2023年3月，59国人员免签入境近80万人次。

5月13日

省委七届四次全会审议通过《百万人才进海南行动计划（2018—2025年）》。2018年“4·13”以来至2022年12月，海南引进各类人才50.9万。

7月1日—3日

中共中央政治局常委、国务院副总理、推进海南全面深化改革开放领导小组组长韩正在海南调研，并主持召开推进海南全面深化改革开放领导小组第一次全体会议，胡春华、何立峰参加会议。

7月5日

中央组织部选派第一批44名干部来海南挂职，支援自由贸易港建设。截至2022年底，已经选派5批545名干部来海南挂职。

8月31日

省委七届五次全会审议通过《海南省打赢脱贫攻坚战三年行动计划》和《海南省乡村振兴战略规划（2018—2022年）》。2020年，海南如期完成脱贫攻坚收官任务。

9月12日

中国旅游集团国内总部正式从北京迁入海口。

11月5日

首届中国国际进口博览会在上海举行。国家主席习近平出席开幕式并发表主旨演讲提出，加快探索建设中国特色自由贸易港进程。习近平主席在历届进博会致辞中对海南自由贸易港建设均提出明确要求。

12月9日—16日

首届海南岛国际电影节在海南三亚举行。

2019年

1月2日

“海南商事主体登记平台（海南e登记）”正式上线。

2月14日

海南发布首批制度创新案例。截至2023年3月底，累计发布制度创新案例134项，其中8项被国务院向全国复制推广、6项得到国务院大督查表扬。

3月2日

中共中央政治局常委、十三届全国人大常委会委员长栗战书主持召开专题座谈会，研究海南自由贸易试验区和中国特色自由贸易港建设所涉及的法律问题。

3月26日—29日

博鳌亚洲论坛2019年年会在琼海博鳌举行。国务院总理李克强出席开幕式并发表题为《携手应对挑战 实现共同发展》的主旨演讲。3月27日李克强到海口考察。

4月11日

海南国际经济发展局揭牌。

7月1日

首届世界新能源汽车大会在琼海博鳌召开。截至2023年3月底，海南省新能源汽车保有量212537辆，占全省汽车保有量比重达11.3%。

9月10日

国家发展改革委、国家卫生健康委、国家中医药局和国家药监局联合印发《关于支持建设博鳌乐城国际医疗旅游先行区的实施方案》（新“国九条”），赋予博鳌乐城国际医疗旅游先行区新的特殊政策。

10月10日

柬埔寨王国驻海口总领事馆正式开馆，系外国在海南设立的首家总领事馆。

10月17日—19日

中共中央政治局常委、中央纪委书记赵乐际在海南调研。

12月9日

首届中非农业合作论坛在海南三亚召开，系中非农业合作领域最大规模会议，来自中国和39个非洲国家以及9个国际组织的500余名代表参会。

2020年

3月31日

海南省启动2020年首批面向全球招聘三万岗位人才活动。

5月5日

长征五号B运载火箭在海南文昌首飞成功。7月23日，中国首次火星探测任务天问一号探测器在海南文昌成功发射。11月24日，嫦娥五号探测器在海南文昌成功发射，并于12月17日携带月球样品安全返回着陆。

5月28日

中共中央总书记、国家主席、中央军委主席习近平对海南自由贸易港建设作出重要指示指出，在海南建设自由贸易港，是党中央着眼于国内国际两个大局、为推动中国特色社会主义创新发展作出的一个重大战略决策，是我国新时代改革开放进程中的一件大事。要坚持党的领导，坚持中国特色社会主义制度，对接国际高水平经贸规则，促进生产要素自由便利流动，高质量高标准建设自由贸易港。要把制度集成创新摆在突出位置，解放思想、大胆创新，成熟一项推出一项，行稳致远，久久为功。海南省要认真贯彻党中央决策部署，把准方向、敢于担当、主动作为，抓紧落实政策早期安排，以钉钉子精神夯实自由贸易港建设基础。中央和国家有关部门要从大局出发，支持海南大胆改革创新，推动海南自由贸易港建设不断取得新成效。

6月1日

中共中央、国务院正式对外发布《海南自由贸易港建设总体方案》。

“中远海运兴旺”轮成为第一艘以“中国洋浦港”为船籍港注册的货轮。截至2023年3月，“中国洋浦港”国际航行船舶登记34艘，国际航行船舶总吨位居全国第二。

7月1日

离岛免税“新政”开始实施，离岛旅客每年每人免税购物额度调整为10万元，当年销售额实现倍增。2018年至2022年，离岛免税销售额5年超1400亿元。2023年4月1日，海南离岛免税购物增加“担保即提”和“即购即提”提货方式。

8月7日

海南省人民政府与德国比勒费尔德应用科技大学签署战略合作协议，国内首个境外高校独立办学项目落户海南自由贸易港。2023年3月22日，海南比勒费尔德应用科技大学永久校区奠基仪式在儋州洋浦举行。

9月28日

海南自由贸易港首条洲际航线开通。洋浦—南太平洋—澳洲集装箱航线正式开通运营。内外贸海运航线达53条。

11月28日

实现10909米坐底纪录的“奋斗者”号胜利返航，在海南三亚南山港靠泊。中国成为世界上第二个实现万米载人深潜的国家。

2023年1月22日，中国“奋斗者”号潜水器抵蒂阿蔓蒂那海沟最深点，系人类历史上首次抵达该海沟最深点。

2021年

2月4日

全国首个真实世界数据研究与评价重点实验室落户海南博鳌乐城国际医疗旅游先行区。3月25日，普拉替尼胶囊上市，这是中国首个使用真实世界数据获批的创新药。截至2023年3月，先行区引进国际创新药械310种，成为国际创新药械进入中国的快速通道。

3月31日

华能海南昌江核电3、4号机组工程开工建设。

4月18日—21日

博鳌亚洲论坛2021年年会在琼海博鳌举行。国家主席习近平以视频方式在开幕式上发表题为《同舟共济克时艰 命运与共创未来》的主旨演讲。国家副主席王岐山出席论坛年会。

4月23日

海军三型主战舰艇——长征18号艇、大连舰、海南舰在海南三亚某军港集中交接入列。中共中央总书记、国家主席、中央军委主席习近平出席交接入列活动。

5月4日

国务院批复同意设立海口空港综合保税区。

5月6日

首届中国国际消费品博览会在海南海口开幕。第三届消博会于2023年4月10日举办，60余个国别和地区的3100余个消费精品品牌将参展，境内外各类采购商团组和特邀嘉宾近3万人报名参会。

5月12日

海南省崖州湾种子实验室在三亚崖州湾科技城正式揭牌。

6月10日

十三届全国人大常委会第二十九次会议表决通过《中华人民共和国海南自由贸易港法》。

6月25日

中国自营勘探开发的首个1500米超深水大气田“深海一号”在海南岛东南陵水海域正式投产，每年稳定供气30亿立方米。

6月29日

中国移动海南文昌—香港春坎角海底光缆系统完成设备调试成功开通，海南首条国际海底光缆建成商用。12月底，海南根服务器镜像节点和国家顶级域名节点建设正式验收投入使用。

7月

海南环岛旅游公路全线正式开工建设，主线路线989千米，沿线规划40个驿站。

7月14日

中共中央政治局常委、全国政协主席汪洋召开调研协商座谈会，听取台盟中央关于加快洋浦国际航运枢纽建设，加强海南自由贸易港封关运行的规范化保障等有关方面建议。

10月12日

习近平主席在《生物多样性公约》第十五次缔约方大会领导人峰会上宣布，中国正式设立第一批5个国家公园，海南热带雨林国家公园位列其中。

12月9日

海口美兰国际机场二期正式投入运营。

2022年

2月10日

海南自由贸易港全岛封关运作准备工作启动会召开，全岛封关运作准备工作全面启动。

4月10日—13日

中共中央总书记、国家主席、中央军委主席习近平在海南考察，对海南发展给予充分肯定，明确赋予海南加快建设具有世界影响力的中国特色自由贸易港的新使命新任务。

4月20日—22日

博鳌亚洲论坛2022年年会在琼海博鳌举行。21日，国家主席习近平以视频方式出席开幕式并发表题为《携手迎接挑战 合作开创未来》的主旨演讲。国务院副总理韩正出席论坛年会。

4月26日—29日

中国共产党海南省第八次代表大会在海口召开，提出全面落实“一本三基四梁八柱”战略框架。

6月24日

崖州湾载人深潜工程实验室和深海照明工程技术联合实验室在三亚崖州湾科技城揭牌运行，同时迎来“深海勇士”号载人潜水器正式入驻。

7月6日

中国首个商业航天发射场在海南文昌国际航天城开工建设。

10月11日

海南陵水黎安国际教育创新试验区全面开学。目前试验区已签约国内外高校22所，获批6个中外合作办学机构（项目）。

12月8日

第一届博鳌国际药械真实世界研究大会在琼海博鳌举行。

12月13日

海南省营商环境建设厅挂牌成立。

12月31日

习近平总书记在2023年新年贺词中强调，海南自由贸易港蓬勃兴起。5年来，海南时刻牢记习近平总书记的殷切嘱托，自由贸易港建设实现从“顺利开局”到“蓬勃展开”到“进展明显”再到“蓬勃兴起”。

是年

崖州湾实验室挂牌运行。

2023年

1月1日

2022年海南外向型经济蓬勃发展，货物进出口总额2009.5亿元，同比增长36.8%；服务贸易进出口总额353.6亿元，同比增长22.9%；实际使用外资到资40.5亿美元，同比增长15%；实际对外投资18.95亿美元，同比增长137.46%。

1月11日

海南洋浦区域国际集装箱枢纽港扩建工程正式开工建设。

2月14日—23日

海南省委书记沈晓明出访中国香港特别行政区、印度尼西亚共和国和越南社会主义共和国，开展高层会晤、综合推介、经贸招商、友城交流、侨务联谊等活动。这是新冠疫情发生后首位省级党委书记出访。

2月16日

中国石化海南炼油化工有限公司100万吨/年乙烯项目的龙头装置投料开车成功。

3月10日

海关总署印发《洋浦保税港区政策措施（第一批）扩大至洋浦经济开发区试点实施方案》，“洋浦扩区”正式启动实施。

3月13日

第十四届全国人民代表大会第一次会议审议通过《全国人民代表大会关于修改〈中华人民共和国立法法〉的决定》，其中3处对海南自由贸易港建设作出专门规定。

3月30日

博鳌亚洲论坛2023年年会在海南博鳌举行。国务院总理李强出席开幕式并发表题为《以人类命运共同体理念为引领 为世界和平与发展注入更多确定性》的主旨演讲。3月29日李强到海口考察。

4月13日

省委召开海南全面深化改革开放座谈会。省委书记冯飞出席座谈会并发表讲话，代省长刘小明主持座谈会。

大事记

2018年

2018年4月

3日

海南省第六届人民代表大会常务委员会第三次会议通过《海南省人民代表大会常务委员会关于实施海南省总体规划的决定》。

8日

博鳌亚洲论坛2018年年会在琼海博鳌举行，主题是“开放创新的亚洲，繁荣发展的世界”，来自63个国家和地区的2000多名代表参加。（11日结束）

10日

国家主席习近平出席博鳌亚洲论坛2018年年会开幕式并发表题为《开放共创繁荣 创新引领未来》的主旨演讲，提出探索建设中国特色自由贸易港。

11日

习近平总书记先后来到琼海、三亚、海口等地，深入农村、科研单位、政务中心，考察调研经济社会发展情况。王沪宁陪同。（13日结束）

中共中央、国务院印发《关于支持海南全面深化改革开放的指导意见》，赋予海南经济特区改革开放新使命，建设自由贸易试验区和中国特色自由贸易港。

12日

中央军委在南海海域举行海上阅兵。中共中央总书记、国家主席、中央军委主席习近平检阅部队并讲话强调，要深入贯彻新时代党的强军思想，坚定不移加快海军现代化进程，努力把人民海军全面建成世界一流海军。

13日

庆祝海南建省办经济特区30周年大会在海南海口举行。习近平总书记出席大会并发表讲话指出，海南要着力打造全面深化改革开放试验区、国家生态文明试验区、国际旅游消费中心、国家重大战略服务保障区，形成更高层次改革开放新格局。

联合国教科文组织联系学校国际中心落户三亚。

14日

海南建省办经济特区30周年成就展在省博物馆开展。

17日

省委组织党政代表团分11组分赴全国11个自由贸易试验区进行为期3天的考察学习。

21日

海南省院士工作站（热带医学）、“一带一路”热带医学联盟、海南热带医学研究院在海南医学院揭牌成立。

22日

省委、省政府发布《关于进一步稳定房地产市场的通知》，实行严格的限购政策，进一步加大对房地产市场的调控力度，倒逼经济发展转型。

25日

省委常委会召开（扩大）会议，要求不折不扣落实好习近平总书记重要讲话和《中共中央 国务院关于支持海南全面深化改革开放的指导意见》精神。

26日

深入学习贯彻习近平总书记在庆祝海南建省办经济特区30周年大会上的重要讲话精神座谈会召开。

中国（海南）南海博物馆开馆仪式在琼海潭门举行。

27日

2018博鳌·健康界峰会21世纪医院院长论坛在琼海博鳌亚洲论坛国际会议中心主会场开幕。

2018年5月

1日

省委常委会召开（扩大）会议，决定从5月底开始组织开展百日大招商（项目）活动，拉开海南自贸区（港）建设全球招商序幕。

海南省实施59国人员入境旅游免签政策。

2日

海南省省长沈晓明会见加拿大驻华大使麦家廉。

中国海洋石油集团有限公司在东方工业园区建设首个丙烯腈生产基地。

3日

海南岛、北部湾和南海列入国家发展改革委、农业农村部联合编制《全国沿海渔港建设规划（2018—2025年）》中的十大沿海渔港群建设计划。

4日

省委书记刘赐贵连续召开3场人才发展座谈会，分别与来自高等院校、科研院所、企业界的代表座谈。（5日结束）

5日

第十届海南书香节暨2018年书香海南阅读季在省图书馆启动。

6日

省委召开专题会议，研究讨论“百万人才进海南”行动计划。

7日

海南省第三人民医院与法国东方巴黎克雷泰伊大学附属亨利蒙多尔医院洽谈并签署框架性合作协议。

全国人大常委会副委员长郝明金率民建中央调研组来海南，就“探索建设自由贸易港”主题开展考察调研。（9日结束）

8日

省长沈晓明到中国人民银行海口中心支行调研，听取17家金融机构对海南自贸区（港）金融创新及风险防控建议。

9日

海南、广西、广东三省区政府在海口签署《2018—2019年推进〈北部湾城市群发展规划〉实施合作重点工作》协议。

海南生态软件园启动二期首批3个100亿元级项目建设。

三亚市建筑废弃物综合利用厂正式运行，这是全省首个建筑废弃物综合利用厂PPP项目。

10日

海南省政府与中国旅游集团有限公司举行工作会谈，就成立区域总部、建设海南国际旅游消费中心等合作展开务实交流。

绿色植保技术创新国际高端论坛会议在琼海博鳌举办，中国工程院、中国农业科学院等院校的12名中国工程院院士参加。

11日

位于三亚市海棠湾的海南信息安全基地正式开园。

13日

中国共产党海南省第七届委员会第四次全体会议在海口召开，审议通过《中共海南省委关于深入学习贯彻习近平总书记在庆祝海南建省办经济特区30周年大会上的重要讲话精神和〈中共中央 国务院关于支持海南全面深化改革开放的指导意见〉的决定》《百万人才进海南行动计划（2018—2025年）》等文件。

14日

海南自贸区（港）总部经济区规划专家研讨会在海口召开。

海南省人民政府人才服务热线12333开通，和12345综合服务热线一起受理有关海南省人才政策咨询业务。

来自吉林的美术教师郑森成功落户海口市龙华区，成为“百万人才计划”政策实施后首位落户者。

15日

省委常委会召开会议，学习习近平总书记“4·13”重要讲话精神，研究部署百日大招商（项目）活动，审议通过《关于促进总部经济发展的工作意见》等文件。

16日

上海合作组织成员国文化部长第十五次会晤在三亚举行。（17日结束）

18日

普华永道在海口注册辐射海南自贸区的外商独资公司，成为首家落户海南的国际专业服务机构。

19日

《关于促进总部经济发展的工作意见》《海南省总部企业认定管理办法》印发。

20日

全省打赢脱贫攻坚战广播电视电话推进会在海口召开。

2018中国（海南）自由贸易试验区（港）百日大招商（项目）活动启动，重点引进4类项目。（8月底结束）

21日

海南省委书记刘赐贵会见来海南访问的越南驻华大使邓明魁一行。

23日

省长沈晓明主持召开座谈会，研究部署招商引资和总部经济工作。

24日

中国“南海深部计划”西沙深潜航次结束，国内科学家乘坐“深海勇士”号载人深潜器在南海首次发现“冷水珊瑚林”和新的冷泉活动喷口。

25日

省级人才服务“一站式”平台挂牌成立，22项人才业务实行一站式受理、一次性告知、一条龙服务。

27日

海南自贸港与商业航天产业发展战略研讨会在三亚召开，50家企业发起成立国内首个商业航天产业联盟。

三沙永兴岛智能微电网建成，是中国首个远海岛屿智能微电网。

28日

省政府常务会议审议通过《海南省道路交通安全专项整治三年攻坚战工作方案（试行）》等文件。

29日

海南省第六届人民代表大会常务委员会第四次会议通过《海南省湿地保护条例》等法规。

省政府召开电视电话会议，专题研究海南文昌国际航天城、深海科技城、南繁科技城等三大科技城推进工作。

30日

省长沈晓明到海口调研并召开座谈会研究产业园区工作。

在琼海博鳌乐城国际医疗旅游先行区，中国内地首批九价人乳头状瘤病毒疫苗由海南博鳌超级医院和睦家医疗中心开始接种。

2018年6月

1日

海南省省长沈晓明与埃塞俄比亚南方州州长德塞·达克签署建立友好省州关系协议书，双方建立友好省州关系。

3日

省委、省政府设立总面积约298平方千米的海口江东新区，建设全面深化改革开放试验区的创新区、国家生态文明试验区的展示区、国际旅游消费中心的体验区以及国家重大战略服务保障区的示范区。

5日

海南自由贸易试验区医疗健康产业投资考察团推介交流会在海口举行。

6日

省委办公厅、省政府办公厅联合下发《海南省引进高层次人才配偶就业安置实施办法（试行）》。

海南自贸区（港）三亚总部经济区及中央商务区规划国际专家研讨会在三亚召开。

10日

中国（海南）自由贸易试验区和中国特色自由贸易港招商引才网上线试运行。

11日

省委办公厅、省政府办公厅联合印发《关于引进人才住房保障的指导意见》。

14日

2018海南旅游推介会暨海南59国免签政策宣传推介会在香港举办。

15日

国家税务总局海南省税务局在海口成立。

海南省政府与中国工商银行在海口举行工作座谈，就推进海南自由贸易试验区和中国特色自由贸易港建设进行深入细致交流。

19日

陵水17-2气田开发项目正式启动，标志着全国首个深水自营大气田正式进入建设阶段。

省政府办公厅印发《海南省深化生态环境六大专项整治行动计划（2018—2020年）》。

20日

全省生态环境保护大会在海口召开，研究部署当前和今后一个时期海南生态环境保护工作。

海南省政府与外资金融机构举行工作座谈。

22日

海南首次在深交所发行地方政府债券115亿元。

23日

海南自由贸易区国际仲裁高端论坛在海口举行。

25日

新加坡国立大学东亚研究所所长郑永年受邀为海南各界代表作题为《新加坡自由贸易港建设发展对海南的启示》的辅导报告。

26日

省委常委会召开会议，审议通过《关于在海南全面深化改革开放中激励干部新担当新作为的实施意见》等文件。

27日

中国特色自由贸易港研究院成立大会暨揭牌仪式在中国（海

南）改革发展研究院举行。

省长沈晓明召开座谈会，与8位来自不同类型企业代表就优化营商环境问题面对面交流。

28日

全省科学技术奖励大会召开，表彰为海南科技创新和经济社会发展作出突出贡献的科技工作者。

海南省工信产业集群项目签约会在北京举办。

2018年7月

1日

中共中央政治局常委、国务院副总理、推进海南全面深化改革开放领导小组组长韩正在海南调研并主持召开推进海南全面深化改革开放领导小组会议，并出席海南省与中央企业战略合作协议签约仪式。胡春华、何立峰参加会议。（3日结束）

2日

海南省政府同中化集团签订战略合作协议，支持中化集团控股参与南繁科技城开发运营。

5日

中央组织部选派第一批44名干部来海南挂职，支援自由贸易港建设。

6日

海南省政府领导班子与来自美、法、德、英、爱尔兰、新加坡、以色列等7个国家的外商和外籍人士代表座谈，就优化营商环境问题进行面对面交流。

8日

首批中组部选派来海南44名挂职干部座谈会召开。

9日

省委办公厅出台《关于开展“在建设海南自由贸易试验区和中国特色自由贸易港实践中勇当先锋、做好表率”专题活动方案》。

省委、省政府出台《关于开展质量提升行动加快建设质量强省的实施意见》。

10日

海南省政府与中国太平保险集团签署战略合作协议，将在成立新市场主体、综合金融服务、资金运用、创新业务等方面开展合作。

11日

省长沈晓明接受俄罗斯塔斯社第一副总编专访，表示海南与俄罗斯可以在能源、航空航天、文化教育等领域展开合作。

12日

省政府领导班子与7位企业界人大代表和政协委员进行座谈，就提升政府执行力，构建法治化、国际化、便利化的营商环境进行面对面交流。

“三亚—伦敦”直飞航线正式开通，首架航班CZ651从三亚凤凰国际机场起飞，成为海南实施59国人员入境旅游免签新政以来开通的首条洲际航线。

13日

2018年中国（海南）自由贸易试验区（伦敦）综合推介会在英国伦敦举行。

海南与全球领先的旅游集团托马斯库克正式签署合作备忘录，结成战略合作伙伴关系。

15日

全国政协副主席梁振英来海南考察调研，出席工作汇报会，听取海南建设自由贸易试验区、中国特色自由贸易港情况的汇报。

16日

梁振英出席省政协召开的学习习近平总书记关于加强和改进人民政协工作的重要思想理论研讨会并讲话。

17日

省委全面深化改革领导小组会议召开，听取有关单位落实中央推进海南全面深化改革开放领导小组第一次会议精神的工作进展情况，进一步研究部署有关工作。

21日

全省领导干部周末学习专题讲座首期开讲，上海WTO事务咨询中心理事长兼总裁讲授“以供给侧结构性改革为主线建设海南自由贸易试验区和中国特色自由贸易港”的有关内容。

海南省第六届少数民族传统体育运动会在昌江黎族自治县举行。（26日结束）

25日

中国科学院深海科学与工程研究所科研人员搭乘“探索一号”科考船，在中国南海海域试验国内首套深海无缆式湍流混合剖面仪，获取该区域的海洋混合及温盐剖面等数据。（28日结束）

26日

工业和信息化部与海南省政府签署推进海南全面深化改革开放战略合作协议。

省长沈晓明会见“海峡两岸记者特区行”采访团，并接受媒体联合采访。

27日

全国政协副主席万钢为省委理论学习中心组（扩大）学习会作我国新能源汽车发展现状与趋势的报告。

省政府在海口召开座谈会，就清洁能源汽车发展与省内外专家进行面对面交流。万钢到会指导。

中国工程院与海南省政府签署共建中国工程科技发展战略海南研究院框架协议。当日，中国工程科技发展战略海南研究院揭牌成立。

三亚新奇世界半山半岛号帆船夺得2017—2018克利伯环球帆船赛年度总冠军。

28日

中国干细胞集团海南博鳌附属干细胞医院在琼海博鳌乐城国际医疗旅游先行区揭牌。

29日

海南国际仲裁院在海口挂牌成立。

海南岛首座抽水蓄能电站——琼中抽水蓄能电站全面投产发电。

31日

海南省六届人大常委会第五次会议表决通过《海口市生活垃圾分类管理办法》《三亚市烟花爆竹燃放安全管理规定》等一批涉及经济社会发展的法规性决定、决议和一批任免案。

海南首个器官移植科——海南医学院第二附属医院器官移植科正式开科。

2018年8月

1日

最高人民法院出台《最高人民法院关于为海南全面深化改革开放提供司法服务和保障的意见》。

省政府印发《提高政府执行力十五条措施》。

2日

自然资源部印发《关于落实〈中共中央 国务院关于支持海南全面深化改革开放的指导意见〉工作举措的函》。

3日

海南推进“多规合一”改革入选国务院28项地方政府优化营商环境典型做法。

4日

海南省英国、欧洲、日本（东京）3家海外高层次人才联络站设立。

5日

中国首家反向预订酒店平台旅宿网总部正式落户海口。

6日

海口与美国加利福尼亚州圣贝纳蒂诺郡签署友好城市意向书。

8日

海南省第五届运动会暨2018年海南省全民健身运动会在三亚举行。（18日结束）

18日

省长沈晓明到三亚调研全球动植物种质资源引进中转基地选址工作，对中央环保督察、国家海洋督察反馈问题整改情况进行检查。

19日

在印度尼西亚雅加达召开的亚洲奥林匹克理事会第三十七届代表大会上，三亚成功申办成为2020年第六届亚洲沙滩运动会举办城市。

25日

以“乡村振兴战略与休闲农业发展”为主题的2018年海峡两岸休闲农业发展（海南）研讨会在海口举行。

28日

海南省省长沈晓明会见来海南访问的罗马尼亚阿拉德县委员会主席尤斯汀·西昂卡一行。

亚洲网联盟2018秋季年会在琼海博鳌举行。（29日结束）

29日

海南省中医院制剂中心在海南老城经济开发区正式揭牌投产，这是海南首个规模化院内中药制剂中心。

首届中非热带农业科技合作论坛在琼海博鳌举办。同时，中国热带农业科学院—国际热带农业中心联合实验室正式成立。

30日

《海南建省办经济特区30周年特辑》出版发行。

31日

中国共产党海南省第七届委员会第五次全体会议在海口召开，审议通过《海南省打赢脱贫攻坚战三年行动计划》《海南省乡村振兴战略规划（2018—2022年）》等文件。

海南帆船帆板队选手毕焜在雅加达亚运会帆船帆板赛中夺得男子帆板RS：X级冠军。这是海南选手在亚运会奥运项目比赛中夺得的第一枚金牌。

2018年9月

1日

国务院第二十一督查组到琼海市开展督查调研工作并召开专题

座谈会，了解博鳌乐城国际医疗旅游先行区建设情况以及琼海市贯彻落实国务院有关政策措施情况。

5日

海南省残疾人联合会第七次代表大会在海口召开。

6日

商务部与海南省政府签署关于建立合作机制的框架协议，在建设海南自贸试验区和中国特色自贸港建设等方面给予海南支持。

海南省引进外资项目洽谈会暨签约仪式在北京举行，36家外商参加，签署26个合作项目。

8日

以“肿瘤创新治疗的前沿与方向”为主题的2018第五届诺贝尔奖获得者医学峰会在海口开幕。

10日

中央军委后勤保障部、训练管理部在文昌举行海南地区军用土地资源规划整合试点观摩推广活动。（12日结束）

11日

全国人大常委会副委员长王晨率队来海南开展海洋环境保护法执法检查。（15日结束）

12日

中国旅游集团国内总部正式从北京迁入海口，注册资本158亿元。

13日

中共中央办公厅、国务院办公厅印发《海南省机构改革方案》。

14日

海南省政府与中央企业第二轮战略合作协议签约仪式在北京举行，9家中央企业与海南签约。

20日

2018海峡科技论坛在海口举行。全国政协副主席万钢出席开幕式。（22日结束）

海南省政府在上海证券交易所成功发行108亿元海南省政府专项债券。这是海南首次在上交所发行地方政府债券。

21日

海南国际仲裁院海事仲裁中心在洋浦经济开发区挂牌运作。

23日

首届中国农民丰收节海南庆祝活动在全省各市县举行。

24日

国务院批复同意设立中国（海南）自由贸易试验区，并印发《中国（海南）自由贸易试验区总体方案》。

27日

海南省机构改革动员大会在海口召开。改革后，海南省设置党政机构55个，其中省委机构18个、政府机构37个。

海南省省长沈晓明先后会见美国驻广州总领事李靖、尼泊尔第四省首席部长普里特维·苏巴·古隆。

第二届中国（海南）—东盟智库论坛在三亚举办。

28日

第十届中国（海南）海洋国际产业博览会在海口开幕。

琼中至乐东高速公路正式通车，历时9年的海南中线高速公路全线贯通。

29日

财政部印发《关于支持海南全面深化改革开放有关财税政策的实施方案》《关于支持海南全面深化改革开放综合财力补助资金的管理办法》。

30日

海南省第六届人民代表大会常务委员会第六次会议通过《海南省农作物种子管理条例》《海南省河长制湖长制规定》等法规。

2018年（第三届）海南国际旅游岛购物节在海口开幕。（10月结束）

2018年10月

8日

海南自由贸易试验区和中国特色自由贸易港区块链试验区在澄迈海南生态软件园授牌设立。

9日

香港海南青年联合会“百万人才进海南”海南自贸区（港）创业就业政策推介会在香港举办。

11日

省委全面深化改革委员会第一次会议召开，学习中央全面深化改革委员会第四次会议精神，审议通过多个重要改革文件。

中国内地首例COMBO心脏支架（雷帕霉素洗脱冠脉支架系统）在琼海博鳌乐城国际医疗旅游先行区内的博鳌超级医院顺利植入。

13日

海南举办领导干部专题培训班，对全省广大党员干部再动员、再部署，再深入学习贯彻习近平总书记“4·13”重要讲话和中央12号文件精神。（15日结束）

16日

国务院新闻办公室在北京举行新闻发布会，正式发布《中国（海南）自由贸易试验区总体方案》。

17日

由全国政协副主席刘新成率领的全国政协考察团在海南考察基层公共文化建设并开展“送文化下基层”活动。（21日结束）

18日

海南省政府与百度集团股份有限公司战略合作签约仪式在澄迈海南生态软件园举行。

海南省“中—缅区域性重大疾病防治联合研究中心”在海南医学院第一附属医院揭牌成立，这是海南首家国家联合研究中心。

19日

海南省政府与太平洋建设集团签署合作协议。同时，海口市政府与太平洋建设集团签署落户协议。

第三届北京国际医学工程大会开幕。会上，博鳌医学工程转化中心与19家企业签约合作。

2018第三届海南新能源汽车及电动车展览会在海南国际会展中心举行。（21日结束）

20日

海南医学院—柬埔寨卫生科技大学热带医学与公共卫生联合研究中心在海口揭牌成立。

21日

省委书记刘赐贵与来海南调研的中国（海南）自由贸易试验区（自由贸易港）咨询委员会专家举行工作座谈。

23日

省长沈晓明主持召开座谈会，听取19家中央驻琼单位对落实《中国（海南）自由贸易试验区总体方案》的意见和建议。

25日

海口荣获全球首批“国际湿地城市”称号。

26日

海南自由贸易港司法研究中心揭牌成立。

海南省首批10个冠名“海南”的省级区域农产品公用品牌正式公布。

省政府印发《海南省基层医疗卫生机构标准化建设行动计划》，全面加快推进海南基层医疗卫生综合改革。

27日

第84次中国改革国际论坛在海口开幕。

29日

海南省省长沈晓明出访日本和韩国，推动“一带一路”框架下与日韩两国在友城、旅游等领域的务实交流与合作，达成诸多合作共识。（11月3日结束）

30日

2018“一带一路”媒体合作论坛在琼海博鳌举行，全国人大常委会副委员长吉炳轩等出席开幕式并致辞。

31日

南沙群岛永暑礁、渚碧礁、美济礁气象观测站正式启用。

2018年11月

1日

省委人才工作委员会第一次会议召开，听取海南省人才引进培养等工作情况的汇报，审议通过《省委人才工作委员会工作规则》等文件。

海口市江东新区启动首个生态修复工程，对东寨港红树林保护区内59.13公顷鱼虾塘实施退塘还林还湿。

5日

首届中国国际进口博览会在上海举行。国家主席习近平出席开幕式并发表主旨演讲提出，加快探索建设中国特色自由贸易港进程。习近平主席在历届进博会致辞中对海南自由贸易港建设均提出明确要求。

海南省与加拿大爱德华王子岛省在海口签署进一步深化友好关系谅解备忘录。

全国人大常委会委员、财经委主任委员徐绍史率队来海南，开展发展海洋经济和自由贸易试验区建设的调研。（8日结束）

8日

以“加强科技创新，开发深海能源”为主题的2018（第四届）深海能源大会在海口开幕。

9日

人力资源社会保障部、海南省政府签署《共同推进海南省人力资源和社会保障事业改革与发展合作协议》。

10日

海南省“聚四方之才”招聘会在北京中关村国家自主创新示范区展示中心举行。

亚洲金融合作协会绿色金融合作委员会在海口成立。

11日

“健康中国·院士专家海南行”——博鳌超级医院院士专家签约仪式在海口举行。

由全国政协副主席何维率队的农工党中央调研组对海南省中医药工作进行专题调研。（13日结束）

12日

省委召开民营企业座谈会，学习习近平总书记在民营企业座谈会上的重要讲话精神，听取民营企业代表的意见建议，就进一步支持民营经济发展作出部署。

中国工程科技发展战略海南研究院理事会会议暨学术委员会会议在海口召开。

促进创业投资持续健康发展座谈会在海口召开。

13日

海南、浙江在浙江杭州举行两省交流座谈会，并签署两省政府战略合作框架协议。

海南省党政代表团赴浙江省考察学习。（14日结束）

15日

国家市场监督管理总局、国家药品监督管理局、国家知识产权局出台《关于支持中国（海南）自由贸易试验区建设的若干意见》。

海南省党政代表团在上海考察学习。（16日结束）

2018第三届三亚国际文化产业博览交易会暨“一带一路”非物

质文化遗产展在三亚开幕。(18日结束)

第三届中英法治圆桌会议在海口举行。(16日结束)

18日

农业农村部印发《农业农村部贯彻落实〈中共中央 国务院关于支持海南全面深化改革开放的指导意见〉实施方案》。

22日

国务院印发《关于支持自由贸易试验区深化改革创新若干措施的通知》。

人力资源社会保障部印发《支持海南人力资源和社会保障事业全面深化改革开放的实施意见》。

23日

2018年澜湄国家旅游城市(三亚)合作论坛在三亚召开。

2018美大地区友好论坛在海口举行。

24日

海南省省长沈晓明会见泰国文化部部长威拉·洛普扎纳拉。

2018年(第十九届)海南国际旅游岛欢乐节在海口开幕。(12月31日结束)

25日

海南省委书记刘赐贵拜会来海南调研的全国人大常委会副委员长武维华。

海南省政府与教育部举行工作座谈会,就推进海南自贸区建设、协同加强人才培养等问题进行沟通。

省委书记刘赐贵会见来海南出席“2018年中国文学博鳌论坛”的中国文联主席、中国作协主席一行，双方就共同推动海南文化繁荣发展进行探讨。

中国船舶重工集团有限公司深远海科技中心项目在三亚深海科技城开工建设。

27日

财政部、海关总署、税务总局联合发布公告，第五次调整海南离岛免税政策。

28日

17个市县同时举行海南自由贸易试验区建设项目（第一批）集中开工和签约活动，共集中开工项目100个、总投资298亿元，集中签约项目41个、总投资342亿元。

30日

全省引进外资工作会议在海口召开，落实中国（海南）自由贸易试验区总体方案，研究部署吸引外资举措。

2018年12月

1日

以“新时代，新海商，新发展”为主题的2018世界海商（博鳌）高端论坛在琼海博鳌举行。（2日结束）

海南省政府与国家卫生健康委签署《关于支持海南省卫生健康事业改革发展促进自贸区（港）建设合作协议》。

3日

全国政协副主席王正伟率全国政协外事委员会考察组在海南就“探索建设自由贸易港”开展考察。（6日结束）

4日

2018中国企业家博鳌论坛在琼海博鳌举行。

5日

省委书记刘赐贵在三亚、陵水、乐东、保亭调研，并召开座谈会，谋划部署“大三亚”经济圈建设的相关工作。（8日结束）

省长沈晓明在海口会见美国霍尼韦尔智能建筑技术集团大中华区总裁余锋。

9日

首届海南岛国际电影节在三亚举行，来自超过30个国家和地区的92部影片展映。（16日结束）

招商局集团有限公司、英国爱丁堡大学、琼海市政府和爱丁堡国际投资有限公司四方在琼海博鳌签订谅解备忘录，英国爱丁堡大学医学院及附属医院将落户博鳌乐城国际医疗旅游先行区。

海南省法学会国际经济贸易法研究会成立暨首届中国（海南）自由贸易港高端法治论坛在海口举行。

10日

省委召开全省推进百镇千村建设现场会，对全省百镇千村建设进行再部署、再推进。

省政府发布《海南省优化营商环境行动计划（2018—2019年）》。

2018第三届中日活力化论坛在海口举行。

12日

国家发展改革委印发《海南省建设国际旅游消费中心的实施方案》。

2018年中国（海南）国际热带农产品冬季交易会在海南国际会展中心举办。（16日结束）

2018国家战略与热带农业峰会在海口举行。

15日

2018中国帆船年度盛典世界帆联高峰论坛在海口市召开。

首届中国大数据创新发展论坛——经纬论坛在海口举行。

16日

海口市国家帆船基地公共码头正式开港仪式暨中国帆船帆板运动协会南方总部基地挂牌成立仪式在海口举行。

18日

庆祝改革开放40周年大会在北京召开，习近平总书记出席大会并发表重要讲话提到，“设立自由贸易试验区、谋划中国特色自由贸易港”。

中国国际贸易促进委员会在海口召开海南自贸区营商环境建设座谈会。

2018（第七届）国际智慧城市峰会暨智慧城市创新生态博览会

在海口开幕。（19日结束）

19日

2018年中国游戏产业年会在海口举行。（21日结束）

台湾科技应用加速中心在海口揭牌成立。

20日

韩国JK整形外科医院博鳌国际诊疗中心揭牌暨签约仪式在琼海博鳌乐城国际医疗旅游先行区博鳌一龄生命养护中心举行。

21日

国家发展改革委印发《海南省创新驱动发展战略实施方案》。

国务院印发《关于在海南博鳌乐城国际医疗旅游先行区暂时调整实施〈中华人民共和国药品管理法实施条例〉有关规定的决定》。

海南推行的全国首单“奇艺世纪知识产权金融资产支持专项计划”（ABS）在上海证券交易所成功上市发行。募集资金4.7亿元。

22日

中国科学院种子创新研究院（筹）和遗传与发育生物学研究所入驻南繁科技城座谈会在海口举行。

2018中国创投新生态峰会在海口举行。

24日

省委常委会召开（扩大）会议，传达中央经济工作会议精神，听取2018年经济社会发展主要指标预计完成情况，审议2019年经济发展预期指标。

25日

海南省政府与国家统计局在海口签署战略合作框架协议，支持海南自由贸易试验区和中国特色自由贸易港统计改革创新。

26日

海南省第六届人民代表大会常务委员会第八次会议通过《中国（海南）自由贸易试验区商事登记管理条例》、修订通过《海南经济特区禁毒条例》等法规。

27日

财政部、海关总署、税务总局发布《关于将乘轮船离岛旅客纳入海南离岛旅客免税购物政策适用对象范围的公告》。

海南与中国石油化工集团在海口签署战略合作协议，开展多渠道、多领域、多层次的合作，并建立长效合作机制。

28日

海南自由贸易试验区建设项目（第二批）集中开工和签约活动举行，全省共集中开工项目147个、总投资1083亿元，集中签约项目104个、总投资1582亿元。

29日

海南省委书记刘赐贵会见国务院国资委主任、党委副书记一行，就加快推进央企与海南深度合作进行会谈。

国际陆海贸易新通道海南启动暨中远海运“海南—东盟（新加坡）”班轮航线首航仪式在洋浦举行。

大事记

2019年

2019年1月

1日

海南自由贸易账户体系正式上线运行。

2日

“海南商事主体登记平台（海南e登记）”正式上线。

3日

《海南省外商投资项目核准和备案服务指南（2019年修订）》开始施行。

4日

全国人大常委会副委员长万鄂湘率全国人大常委会调研组来海南就自贸区建设情况等开展调研。（6日结束）

海南博鳌乐城国际医疗旅游先行区管理委员会与法国居里研究所合作框架签约仪式在琼海举行。

7日

中国驻哈萨克斯坦大使馆在阿斯塔纳举行海南旅游免签政策推介会。

8日

海南省委书记刘赐贵、省长沈晓明拜会率队来海南调研的全国人大常委会副委员长陈竺一行。

第18批、19批中央组织部、共青团中央（来海南）博士服务团总结欢迎会在海口举行。

中国唯一全自主物联网技术——可见光交互技术体系拥有者闪易科技与海南生态软件园签署战略合作协议，公司总部落户园区。

9日

海南省政府与农工党中央签署战略合作协议并举行工作座谈。

国家医疗保障局印发《关于支持海南医疗保障事业深化改革开放的意见》。

10日

第十五届中国会展经济国际合作论坛在琼海博鳌举行。（12日结束）

2019（首届）海口国际新能源汽车展览会在海南国际会展中心举行。（13日结束）

香港海南社团总会领袖回乡考察海南自由贸易试验区考察团在海南进行考察。（13日结束）

12日

省政府企业家咨询会议成立大会暨第一届年会在三亚召开。

13日

博鳌超级医院举行揭牌仪式，正式落户海南博鳌乐城国际医疗旅游先行区。

14日

省委印发《关于推进全面深化改革开放“政策落实年”的意见》。

15日

海南省委书记刘赐贵会见外交部海南全球推介活动外国驻华使节回访团一行。

16日

省长沈晓明会见美国奥尔布赖特石桥集团联席董事长卡洛斯·M. 古铁雷斯、美国默沙东中国公司总裁罗万里一行。

17日

海南启动南海名家、南海英才、南海工匠和南海乡土人才培养计划第一批申报评选工作。

18日

2019年世界湿地日中国主场宣传活动在海口举行。

19日

省委转发《中共海南省人大常委会党组关于〈海南省六届人大常委会立法规划（2018—2022）〉的请示》。

华医心诚医生集团入驻博鳌超级医院揭牌启动仪式在琼海博鳌举行。

21日

全国政协副主席邵鸿率调研组来海南就地方政协工作进行调

研，并召开座谈会。（24日结束）

“文昌超算一号”商业遥感卫星在酒泉卫星发射中心通过长征十一号运载火箭发射升空。

22日

海南首个博士服务工作站在文昌市揭牌成立。

23日

习近平总书记主持召开中央全面深化改革委员会第六次会议，审议通过《国家生态文明试验区（海南）实施方案》《海南热带雨林国家公园体制试点方案》等。

25日

省长沈晓明召开省政府专题会议，分别研究三亚崖州湾科技城总体规划编制工作，研究部署加快推进三亚科技城建设。

26日

中国人民政治协商会议第七届海南省委员会第二次会议在海口召开。（30日结束）

27日

海南省第六届人民代表大会第二次会议在海口召开。（31日结束）

海南省政府与俄罗斯国家通讯社——塔斯社正式签署《海南省人民政府 俄罗斯国家通讯社——塔斯社宣传文化合作协议》，海南省在塔斯社官网开设宣传专区，借助塔斯社平台渠道加强海南与俄罗斯新闻传媒、文化艺术等领域的交流合作，扩大海南自贸港在“一带一路”沿线国家，特别是俄语区国家的影响力。

31日

省纪委七届三次全会在海口召开，审议通过省纪委常委会所作的《推动新时代海南纪检监察工作高质量发展，为海南全面深化改革开放提供坚强保障》工作报告。（2月1日结束）

2019年2月

14日

中国（海南）自由贸易试验区制度创新案例首场新闻发布会在海口召开，发布首批8项自贸区制度创新成果。

17日

海南省委书记刘赐贵率团访问阿联酋、新加坡和中国香港特别行政区，就探索中国特色自由贸易港政策和制度体系开展扎实调研。（26日结束）

18日

海南省政府与上海交通大学在海口签署战略合作协议。

2019海南省企业界开门红大会在海口举行，省政协主席毛万春出席会议并讲话。

20日

海南省省长沈晓明会见以色列农业与农村发展部总司长所罗莫·本·艾利亚胡、以色列驻广州总领事馆总领事南可安一行。

21日

海南省省长沈晓明会见美国全国商会常务副会长兼国际事务总裁薄迈伦一行。

23日

海南自由贸易试验区开放发展基金在三亚设立。

25日

最高人民法院法官国际交流中心海南基地在三亚揭牌成立。

27日

省长沈晓明率团赴澳门访问考察，探索推动建立琼澳政府间合作机制，实现两地合作共赢互利。（28日结束）

28日

海南省行政审批信用“单一窗口”（1.0版）上线试运行。

2019年3月

2日

中共中央政治局常委、十三届全国人大常委会委员长栗战书主持召开专题座谈会，研究海南自由贸易试验区和中国特色自由贸易港建设所涉及的法律问题。

4日

《海南省清洁能源汽车发展规划》印发，海南成为全国首个明确提出 2030 年“全面禁售燃油汽车”的省份。

5日

中华人民共和国第十三届全国人民代表大会第二次会议在北京召开。国务院总理李克强在工作报告中指出，海南自贸试验区启动建设，推进海南自贸试验区建设、探索建设中国特色自由贸易港。

8日

海南国际旅游岛推介座谈会在挪威奥斯陆举行。

13日

海南省金融发展促进会与中国高校（华南）科技成果转化中心在海口举行座谈会，签署《共同促进海南自贸区（港）教育科技协同创新发展战略》。

15日

三亚与中国交通建设集团有限公司在北京签署战略合作协议，该集团将在三亚设立国际业务总部。

17日

省长沈晓明会见日本泰尔茂株式会社会长三村孝仁，双方就医疗领域合作进行务实交流。

18日

中国旅游集团海口国际免税城项目在海口动工。同时，各市县举行海南自由贸易试验区建设项目（第三批）集中开工和签约活动。共集中开工项目131个、总投资476亿元，签约项目50个、总投资935亿元。

海南东寨港国家级自然保护区湿地生态修复工程项目宣布开工建设。

19日

文昌市人民法院在文昌市住房和城乡建设局成立全国首个“防范房地产风险巡回法庭”。

22日

以“共享自由贸易新起点”为主题的2019海南国际品牌博览会在三亚开幕。

科技部、海南省政府联合印发《加快海南科技创新开放发展实施方案》。

23日

2019年度第五赛季国际汽联电动方程式锦标赛三亚站比赛在三亚举行。

“情系两岸，梦圆蓝天”台湾青年就业创业交流活动在海口举行。

24日

中国科学院与海南省政府在三亚签署科技合作协议，并举行

“中国科学院深海技术创新研究院”揭牌仪式。

中国科学院遗传与发育生物学研究所、海南省农业农村厅、三亚市人民政府签订《共建种子创新研究院合作协议书》。

“海之南·春潮涌——亚非49国主流媒体走进海南自贸区自贸港大型采访活动”在三亚启动。

26日

博鳌亚洲论坛2019年年会在琼海博鳌举行，主题是“共同命运、共同行动、共同发展”。来自60多个国家和地区的2000多名代表参加。（29日结束）

海南省第六届人民代表大会常务委员会第十次会议通过《中国（海南）自由贸易试验区重点园区极简审批条例》《海南经济特区无偿献血条例》等法规。

27日

国务院总理李克强在海口考察强调，要坚持以习近平新时代中国特色社会主义思想为指导，深入贯彻全国两会精神，落实政府工作报告确定的各项任务，进一步推进改革开放，更大激发市场主体活力，破解发展和民生难题，增强经济发展动力，提升人民群众获得感。

海南省委书记刘赐贵会见出席博鳌亚洲论坛2019年年会的老挝总理通伦·西苏里一行。

省长沈晓明会见美国强生中国区主席宋为群一行。

28日

国务院总理李克强出席博鳌亚洲论坛2019年年会开幕式并发表题为《携手应对挑战 实现共同发展》的主旨演讲。

省委书记刘赐贵会见安联保险集团董事会主席兼首席执行官奥利弗·贝特一行。

海南省省长沈晓明分别会见卢森堡大公国首相格扎维埃·贝泰尔一行和阿斯利康董事长雷夫·约翰森一行。

海南省与阿联酋阿布扎比国际金融中心在琼海博鳌签署合作备忘录。

29日

海南省委书记刘赐贵会见香港特别行政区行政长官林郑月娥一行。

中国—东盟省市长对话会在琼海博鳌举行。会上签署《共同倡议》。

海南省与塞尔维亚共和国伏伊伏丁那自治省在琼海博鳌签署建立友好省关系的协议书。

30日

2019台商峰会在三亚召开，全国政协副主席苏辉出席峰会开幕式并致辞。

中央人才工作协调小组专家咨询服务活动海南行启动仪式在海口举行。

2019年4月

1日

海南热带雨林国家公园管理局在陵水黎族自治县吊罗山揭牌成立。

2日

省政府印发《海南博鳌乐城国际医疗旅游先行区临床急需进口药品管理暂行规定》。

3日

海南博鳌乐城国际医疗旅游先行区管理局设立。

9日

招商银行海口分行自由贸易分账核算单元通过人民银行现场验收，成为全国首家应用“总—分”模式复制推广自由贸易账户（FT账户）体系并成功通过中国人民银行现场验收的银行。

中国自贸智库联盟成立，并举办首届（2019）中国自由贸易试验区智库论坛。

农业农村部部长韩长赋来海南调研南繁硅谷、热带农业科技中心建设及海洋渔业发展等情况。（11日结束）

11日

农业农村部与海南省政府在海口签署共同推进海南全面深化农业农村改革开放备忘录，并举行工作座谈。

中国（海南）自由贸易试验区制度创新案例（第二场）新闻发布会在海口举行，发布5条制度创新案例。

海南国际经济发展局揭牌。

第三届中国（三亚）国际水稻论坛暨首届国际稻米博览会举行。（12日结束）

12日

科技部与海南省共同印发《加快海南科技创新开放发展实施

方案》。

省政府召开专题会议，研究南繁基地新核心区配套服务区建设有关工作，并进行具体部署。

13日

中国共产党海南省第七届委员会第六次全体会议在海口召开，审议通过《中共海南省委关于高标准高质量建设全岛自由贸易试验区 为建设中国特色自由贸易港打下坚实基础的意见》等文件。

14日

海南自贸大讲坛2019年首场讲座正式在省图书馆开讲。

15日

海南省委书记刘赐贵会见来海南调研的全国妇联党组书记、副主席、书记处第一书记黄晓薇一行。

《海南省总部经济发展省对市县财政奖励政策实施细则（试行）》实施。

16日

海南省政府考察团赴上海考察学习。（19日结束）

17日

海南省政府与国务院发展研究中心工作组举行座谈。

18日

海南省政府与中国气象局签署共同推进气象为海南自贸试验区和中国特色自贸港建设服务合作协议，并举行工作座谈。

中国银行海南省分行成功为海南省企业办理全省首单国际贸易“单一窗口”跨境汇款、开户预约等业务。

澳大利亚邱氏律师事务所驻海口代表处揭牌仪式暨首届中外律师法律交流会在海口举行。

21日

全国政协常委视察团在琼就“推进海洋经济发展示范区建设”开展视察。全国政协副主席高云龙参加视察。（25日结束）

海南—文莱“空中之旅”暨文莱航空·旅游推介发布会在海口举行。

22日

中共中央政治局常委、国务院副总理、推进海南全面深化改革开放领导小组组长韩正主持召开推进海南全面深化改革开放领导小组全体会议并讲话。会议深入学习贯彻习近平总书记关于海南全面深化改革开放的重要指示精神，研究部署2019年重点工作。胡春华、何立峰参加会议。

2019年海南省知识产权宣传周活动在海口启动。

23日

三亚索斯福股权投资有限公司成为海南首家外商投资股权投资企业。

25日

海南省在北京分别与密克罗尼西亚联邦波纳佩州、斯里兰卡种植业部签约深化合作。

中国科学院深海科学与工程研究所工人周皓获“中国青年五四奖章”，琼中黎族苗族自治县女子足球队获评“中国青年五四奖章集体”。

2019全球自贸媒体大会在三亚开幕，大会主题为“开放新高地，共享新未来”。

26日

习近平总书记在第二届“一带一路”国际合作高峰论坛开幕式上发表主旨演讲时提到，加快探索建设自由贸易港。

28日

省委举办座谈会，深入学习习近平总书记在中共中央政治局第十四次集体学习时发表的关于五四运动和五四精神的重要讲话精神，并以此纪念五四运动100周年。

30日

海南省政府与中国电子科技集团有限公司在海口签署战略合作协议。

2019年5月

5日

省政府印发《海南省人民政府关于加快推进海南省社会保障卡“一卡通”服务管理工作的指导意见》，系全国首个以省政府名义印发的一卡通领域指导意见文件。

7日

全国政协人口资源环境委员会调研组来海南就“加快国家生态文明试验区建设”开展专题调研。全国政协副主席何维参加调研。（9日结束）

第八届中国竞争政策论坛在海口拉开帷幕。（8日结束）

交通运输部发布《关于推进海南三亚等邮轮港口海上游航线试点的意见》。

8日

一架柬埔寨空客A320飞机接受海航航空技术股份有限公司旗下专业机构提供的定检维修和整机喷漆，这是海南首例国际客户飞机入境维修业务。

9日

省委书记刘赐贵在海口会见来访的俄罗斯国家通讯社——塔斯社社长谢尔盖·米哈伊洛夫一行。

10日

中央依法治国办在海口举行全面推进海南法治建设工作座谈会。

16日

海南自由贸易港法协助调研工作组第一次会议召开。

18日

全省各市县同步举行海南自由贸易试验区建设项目（第四批）

集中开工和签约活动，共集中开工项目80个、总投资256亿元；签约项目38个、总投资164亿元。

海南港航控股有限公司股权合作签约暨重组工作筹备组成立揭牌仪式在海口举行。

19日

省长沈晓明会见美国嘉年华集团亚洲首席执行官兼歌诗达邮轮集团全球首席执行官汤沐一行。

《海南省人民政府办公厅关于促进总部经济发展的工作意见》印发。

《海南省总部企业认定管理办法》印发。

20日

海南省委书记刘赐贵会见来海南调研的共青团中央书记处第一书记贺军科一行。

中国（海南）自由贸易试验区制度创新案例（第三批）新闻发布会召开，发布12项制度创新案例。

21日

2019自由贸易园区发展国际论坛在海口开幕。

22日

海南省委书记刘赐贵、省长沈晓明拜会率队来海南调研并参加“农工党高端人才组团支持海南自贸区（港）建设行动启动暨签约仪式”的全国人大常委会副委员长陈竺一行。

23日

农工党高端人才组团支持海南自贸区（港）建设行动启动暨签约仪式在海口举行。

海南省大数据管理局挂牌成立。

省工程建设项目审批制度改革工作领导小组办公室第一次工作会议在海口召开。

26日

海南省党政代表团赴北京、天津、河北雄安学习考察。（29日结束）

香港特别行政区第十三届全国人大代表调研组一行27人来海南调研。（30日结束）

30日

南方电网主网与海南电网二回联网工程正式投运。

是月

中共中央办公厅、国务院办公厅印发《国家生态文明试验区（海南）实施方案》。

2019年6月

3日

海南省省长沈晓明会见中央人民政府驻澳门联络办公室副主任姚坚率领的澳门旅游及会展业界考察团一行。

6日

海南省省长沈晓明会见新西兰驻华大使傅恩莱。

应俄罗斯塔斯社邀请，海南省代表团访问俄罗斯并参加第二十三届圣彼得堡国际经济论坛。

海南省与俄罗斯塔斯社联合举办塔斯社官网海南专区上线仪式暨海南自贸试验区专题推介会。

2019第十届“海创杯”海南创业大赛在海口启动。

10日

省长沈晓明到山东省青岛市出席博鳌亚洲论坛全球健康论坛大会并率省政府考察团到科研院所及产业园区学习考察海洋科技及产业发展。（12日结束）

12日

海南省委全面深化改革委员会第八次会议审议通过《海南省重点产业园区规划布局调整优化方案》《海南省重点产业园区高质量发展的若干意见》和支持博鳌乐城国际医疗旅游先行区、洋浦经济开发区、海口江东新区、三亚崖州湾科技城等园区发展的政策措施等文件。

19日

省委书记刘赐贵主持召开引进优质医疗资源和“好院长好医生”工作座谈会，广泛听取有关各方意见建议，进一步推动相关工作。

民航局印发《关于加快海南民航业发展支持海南全面深化改革开放的实施意见》。

20日

海南省政府与国家药品监督管理局举行工作座谈，共商海南医药领域改革发展大计。

省政府办公厅印发《中国（海南）自由贸易试验区琼港澳游艇自由行实施方案》。

21日

第十六届世界海南乡团联谊大会筹委会第一次全体会议在海口召开。

2019中国（三亚）首届生物质催化炼制与可降解包装材料产业论坛举行。（22日结束）

25日

第九届全国“人民满意的公务员”和“人民满意的公务员集体”评选表彰大会在北京召开，海南4人获“人民满意的公务员”称号，三沙市七连屿党工委、管委会获“人民满意的公务员集体”称号。

26日

海南省科学技术奖励大会在海口召开。

28日

国家主席习近平在G20大阪峰会上发表重要讲话提出，加快探索建设海南自由贸易港进程。

省委书记刘赐贵主持召开引进国外（境外）人才资源工作座谈会，广泛听取在琼国外、境外人才代表的意见建议，研究部署引进国外（境外）人才资源工作。

海南临床真实世界数据应用试点作为国家药监局药品监管科学行动计划和海南省重大制度创新内容正式启动。

2019年7月

1日

省长沈晓明与出席2019世界新能源汽车大会的企业代表分别进行了“一对一”洽谈，探讨交流合作事项。(2日结束)

“2019世界新能源汽车大会（WNEVC）”在琼海博鳌召开。(3日结束)

海口市郊列车开通运营。

3日

省委书记刘赐贵赴京拜访部分国家部委，争取国家部委指导支持。(4日结束)

海南省省长沈晓明会见德国欧绿保集团董事长、德国工商大会主席史伟哲。

公安部在北京召开新闻发布会，就支持海南引才引智出台了5项相关的出入境便利政策措施。

海口美兰机场首次完成国内航司与境外航司联运转关出口业务。

11日

中组部、团中央来海南博士服务团与洋浦经济开发区工委管委会在海口召开创新海南座谈会。

2019年中国海油对外开放区块暨海南省油气产业招商推介活动在海口举行。

15日

国家公园管理局印发《海南热带雨林国家公园体制试点方案》。

《海南水网建设规划》经省政府批准正式发布。

17日

海南省政府与中国铁建股份有限公司签署战略合作协议。

18日

海南自由贸易试验区建设项目（第五批）集中开工和签约仪式在各市县同步举行，共集中开工项目96个，总投资372亿元；签约项目39个，总投资309亿元。

海南社科院与上海社科院合作完成的《中国（海南）自由贸易试验区发展报告（2019）》蓝皮书在海口正式发布。

海口国家高新区国际科技创新中心世创联创新工场正式授牌成立。

20日

2019中国研究型医院高峰论坛在海口举行。

22日

省委深改委会议暨自贸区（港）工委会议召开，研究部署海南自由贸易试验区、自由贸易港园区建设发展工作。

省政府印发《关于支持博鳌乐城国际医疗旅游先行区发展的措施（试行）》等四个“一园一策”文件。

中国（海南）自由贸易试验区制度创新案例（第四批）新闻发布会召开，发布优化营商环境7项制度创新案例。

海南省与白俄罗斯共和国格罗德诺州在海口签署缔结友城关系意向书。

25日

国家外汇管理局海南省分局印发《关于在中国（海南）自由贸易试验区开展外汇创新业务的通知》。

26日

海南省委书记刘赐贵、省长沈晓明拜会来海南调研的全国人大常委会副委员长蔡达峰一行。

29日

海南省第六届人民代表大会常务委员会第十三次会议通过《海南经济特区注册会计师条例》《海南省林木种子管理条例》等法规。

2019年8月

1日

海口海关指导海南省免税品有限公司完成“单一窗口”商品条码申报功能在海南口岸落地实施。

5日

中央组织部等部门印发《关于支持海南开展人才发展体制机制创新的实施方案》。

7日

省长沈晓明会见香港中华总商会会长、新华集团主席蔡冠深。

“南国杯”2019海南省第四届旅游商品大赛暨参选2019中国特色旅游商品大赛颁奖典礼在海口举行。

8日

海南省省长沈晓明就确保重大改革事项落地到三亚调研。

11日

海南省省长沈晓明拜会率队来海南调研的全国人大常委会副委员长郝明金一行。

12日

海南省委书记刘赐贵在海口同全国人大常委会副委员长郝明金率领的民建中央调研组一行座谈。

推进海南全面深化改革开放领导小组办公室印发《海南省建设国家重大战略服务保障区实施方案》。

13日

第七届中国—东盟青年精英交流节活动举行。(15日结束)

15日

省长沈晓明到博鳌乐城国际医疗旅游先行区调研。

国家发展改革委印发《西部陆海新通道总体规划》，明确海南洋浦港的发展定位。

16日

省委、省政府在海口召开“确保全省经济持续健康发展、确保各项改革政策全面落实”百日大行动动员大会。

21日

第二届岛屿经济发展国际研讨会在海口举办。（22日结束）

22日

中共中央政治局常委、国务院副总理、推进海南全面深化改革开放领导小组组长韩正主持召开会议，听取有关方面关于海南自由贸易港政策制度体系阶段性研究成果的汇报，研究部署下一步重点工作。胡春华出席会议。

世界顶尖科学家三亚论坛暨三亚市院士联合会成立大会举行。（23日结束）

23日

省委深改委会议暨自贸区（港）工委会议召开，传达学习习近平总书记在中央全面深化改革委员会第九次会议上的重要讲话精神等，研究海南贯彻意见。

27日

省委人才工作委员会第二次会议召开，传达中央组织部等部门联合印发的《关于支持海南开展人才发展体制机制创新的实施方案》的精神，研究海南贯彻意见。

28日

2019中国（三亚）运动健康旅游论坛在三亚举行。

29日

2019博鳌旅游发展论坛暨旅游商品博览会在琼海博鳌举行。（31日结束）

国家卫生健康委、国家中医药管理局印发《紧密型县域医疗卫生共同体建设试点省和试点县名单》，确定了保亭县、昌江县、文昌市、琼海市为国家试点。

31日

海南省重大项目投资并购招商推介会在海口举行。

洋浦—虎门—湛江新通道航线正式开航。

2019海南自贸区（港）产业园区投资合作大会在海口举行。（9月3日结束）

2019年9月

1日

全省实现商事主体注销“一网”服务。

2日

国务院第十督查组来海南开展国务院第六次大督查，与海南省委、省政府举行见面会。

4日

省委召开会议，专题研究部署海口江东新区规划建设等工作。

海南省省长沈晓明会见柬埔寨王国驻海口总领事黄万达一行。

5日

《海南省高层次人才认定办法》《海南省柔性引进人才实施办法》等5项人才政策发布。

以“人才大潮涌 筑梦海之南”为主题的海南省人才大会在海口召开。

第七届全国道德模范座谈会在北京举行，琼海市潭门镇潭门村党支部委员、潭门海上民兵连副连长王书茂被授予第七届全国道德模范称号，海南有8人获第七届全国道德模范提名奖。

6日

海南省政府代表团参加在广西南宁召开的2019年泛珠三角区域合作行政首长联席会议。

10日

国家发展改革委、国家卫生健康委、国家中医药局、国家药监局联合印发《关于支持建设博鳌乐城国际医疗旅游先行区的实施方案》，赋予博鳌乐城国际医疗旅游先行区新的特殊政策。

11日

海南省政府与中国航天科技集团在北京举行工作座谈，就加快推动文昌国际航天城建设、进一步加强双方深度合作进行务实交流协商。

12日

海南省政府与中国电子信息产业集团在海口举行工作座谈，就下一阶段合作事项进行讨论研究。

中国电子PK联合创新暨产业生态大会在海南生态软件园举行，全国首个“PK生态村”同时落户海南生态软件园。

16日

全国政协副主席卢展工率全国政协调研组来海南，围绕“推进健康中国战略”开展专题调研。（18日结束）

国务院新闻办公室在北京举行以“全面深化改革开放 加快建设美好新海南”为主题的庆祝新中国成立70周年海南专场新闻发布会。

国务院新闻办公室在北京举行新闻发布会，介绍《关于支持建设博鳌乐城国际医疗旅游先行区的实施方案》。

18日

全国人大常委会副委员长王晨率立法调研组来海南，就海南自由贸易港建设涉及调法调规事项及加快自由贸易港法出台有关工作开展调研。

全省各地举行海南自由贸易试验区建设项目（第六批）集中开工和签约活动，共集中开工项目110个、总投资612.4亿元，集中签约项目76个、总投资213亿元。

21日

省委深改委会议暨自贸区（港）工委会议召开，强调要加快推进海南全面深化改革开放任务落实，把制度优势转化为治理效能。

海南省第四届（2019）社会科学学术年会开幕式暨“企业、企业家与中国社会发展”学术研讨会在三亚召开。（11月15日结束）

23日

省委书记刘赐贵赴省自然资源和规划厅，调研深化“多规合一”工作，并主持召开座谈会。

24日

海南省委、省政府与来海南进行自由贸易试验区和中国特色自由贸易港建设专题调研的国家发展改革委调研组举行座谈。

26日

省委召开专题会议，安排部署进一步研究细化自贸港政策制度的相关工作。

海南第一、第二涉外民商事法庭，海口知识产权法庭挂牌成立。

海南国际旅游消费年活动动员电视电话会议在海口举行。

27日

“奋斗新时代 美好新海南”庆祝中华人民共和国成立70周年海南发展成就展在省博物馆正式向公众展出。

海南省第六届人民代表大会常务委员会第十四次会议通过《海南经济特区律师条例》《海南省大数据开发应用条例》等法规、《海南省人民代表大会常务委员会关于批准在三亚崖州湾科技城等三个园区推广适用“三园”特别极简审批的决定》等法规。

28日

海南省卫生健康委、海南省药品监督管理局、博鳌乐城先行区管理局联合在上海举办国际药械对接及招商推介会。

29日

海南省省长沈晓明结束对德国、瑞士的友好访问回到海口。

2019年10月

1日

庆祝中华人民共和国成立70周年大会和阅兵式、群众游行在北京举行。海南彩车“美好新海南”号获群众游行地方彩车“创新奖”。

9日

省委书记刘赐贵到海口江东新区，调研新区规划、建设和重点项目推进情况并主持召开座谈会。

省长沈晓明深入洋浦经济开发区调研。（10日结束）

10日

柬埔寨王国驻海口总领事馆正式开馆，系外国在海南设立的首家总领事馆。

博鳌乐城国际医疗旅游先行区召开临床真实世界医疗器械试点产品研讨会。（11日结束）

11日

省委书记刘赐贵与选调来海南任职干部座谈。

“共享海南自贸区、自贸港新机遇——知名医药企业海口行”活动在海口市举行。（12日结束）

“一带一路”热带医学联盟（BRTMA）第二届热带医学高峰论坛在琼海博鳌开幕。（12日结束）

13日

省长沈晓明到省政务数据大厅检查海南省社会管理信息化平台在反走私监管方面的应用及物流监管系统建设，研究探索建设中国特色自由贸易港新形势下的反走私工作。

14日

海关总署署长、党委书记倪岳峰率队来海南，就支持海南自由贸易试验区和中国特色自由贸易港建设、有效防范走私风险等工作开展调研。（15日结束）

15日

海南省省长沈晓明会见国际游乐园及景点协会董事会主席大卫·卢森伯格、总裁兼CEO哈若德·麦考伊一行。

全国人大常委会副委员长万鄂湘率全国人大常委会渔业执法检查组来海南开展执法检查。（18日结束）

16日

省委常委会召开会议，传达习近平总书记在中央政治局第十七次集体学习时的重要讲话，研究海南贯彻意见。

省对外经济合作交流促进会与马来西亚中国丝路商会在海口签订战略合作协议。

17日

中共中央政治局常委、中央纪委书记赵乐际在海南调研，与纪检监察干部座谈交流，并到深海科学与工程研究所、南繁科研育种基地等单位了解海南改革发展、自贸区规划建设和党风廉政建设情况。（19日结束）

18日

“一带一路·健康海南·战略发展高峰论坛”在儋州举行。（19日结束）

海南省与德国莱法州商贸投资推介会暨企业对接洽谈会在海口举行。

19日

省政府办公厅印发《海南省新一轮户籍制度改革实施方案（试行）》。

2019年中国海洋经济论坛在海南热带海洋学院举行。（21日结束）

21日

省委书记刘赐贵主持召开中国（海南）自由贸易试验区（自由

贸易港）咨询委员会专家交流研讨会。

省委常委会召开会议，传达赵乐际在海南考察调研讲话精神，研究海南省贯彻意见。

22日

省长沈晓明在海口会见中粮集团总裁于旭波一行，就互惠互利加快推进亚龙湾升级改造、三亚大悦城环球中心等项目建设，以及加强生态环境保护进行讨论研究。

省政府第36次常务会议召开，研究优化营商环境、稳就业等工作，审议《海南省城乡居民基本医疗保险暂行办法》等文件。

23日

中央组织部选派新一轮131名来海南挂职干部培训班在省委党校开班。

“中国海南·柬埔寨光明行”第五次行动启动仪式在柬埔寨磅士卑省医院举行。

24日

海南省在全国率先开展地理标志保护产品专用标志使用核准改革试点。

海南自贸区知识产权仲裁调解中心揭牌。

25日

省长沈晓明主持召开“两个确保”百日大行动第二次工作调度会。

“共享自贸区（港）发展机遇 知名能源企业海口行”活动在

海口举办。

加快探索建设海南自由贸易港进程论坛在海口开幕。

26日

第85次中国改革国际论坛在海口开幕。

马克思主义哲学与中俄文明发展国际论坛暨第十七届全国俄罗斯哲学研讨会在海口举行。(27日结束)

亚洲第一条Dip-Tech高温喷墨彩釉打印生产线在儋州沃尔金顿玻璃科技(海南)有限公司投产,采用世界最先进的高温喷墨彩釉打印技术和生产设备。

27日

国务院国资委与海南省委、省政府在北京举行落实中央战略部署全面推进海南自贸区(港)建设座谈会。

海南省政府与中国电子信息产业集团有限公司在北京签署深化战略合作协议。

28日

党的十九届四中全会上,习近平总书记发表重要讲话时四次提及海南,全会决定明确提出“加快自由贸易试验区、自由贸易港等对外开放高地建设”。

29日

博鳌乐城国际医疗旅游先行区领导小组工作例会在琼海博鳌召开,研究推动先行区建设等工作。

30日

全国政协副主席梁振英率香港专业服务、国际贸易等领域代表和学者来海南考察调研。(11月1日结束)

2019海峡两岸（海南）民宿大会暨海口美丽乡村合作推广活动举行。

31日

中国（海南）自由贸易试验区制度创新案例（第五批）新闻发布会召开，发布10项制度创新案例。

2019年11月

1日

国务院办公厅“第六次大督查发现的典型经验做法”通报中对海南省建设出岛人流、物流资金流监管系统服务自由贸易港建设工作进行了表扬。

海南省委常委会召开（扩大）会议，传达学习党的十九届四中全会精神，研究海南贯彻意见。

2日

省委召开专题会，研究关于加快探索建设中国特色自由贸易港有关思考的报告。

3日

2019博鳌乐城国际医疗产业暨医学教育峰会在琼海博鳌开幕。

5日

国家主席习近平在第二届中国国际进口博览会上发表题为《开放合作 命运与共》的主旨演讲提出，加快推进海南自由贸易港建设，打造开放新高地。

省委书记刘赐贵在三亚举行宣讲报告会，向党员领导干部宣讲党的十九届四中全会精神。

商务部等18部门联合印发《关于在中国（海南）自由贸易试验区试点其他自贸试验区施行政策的通知》。

“生态新时代 智慧自贸港”专题学术研讨会在海口召开。（6日结束）

6日

海南国际传播中心正式揭牌运营，海南国际传播综合门户网hiHainan同步上线运行。

7日

省委常委会召开（扩大）会议，学习习近平总书记在第二届中国国际进口博览会开幕式上的主旨演讲，研究海南贯彻意见。

海口海关召开全国海关业务专家参与支持海南自由贸易港建设集中工作见面会。

8日

中共中央政治局常委、国务院副总理、推进海南全面深化改革开放领导小组组长韩正8日下午和9日上午在海口分别主持召开专家座谈会和领导小组全体会议，研究讨论海南自由贸易港建设政策和制度体系，部署下一步重点工作。胡春华、何立峰参加会议。

中共中央政治局委员、国务院副总理胡春华到国家南繁科研育种基地（海南）调研。

9日

工信部印发《支持海南建设自由贸易试验区和中国特色自由贸易港的实施方案》。

11日

海南金海浆纸业有限公司完成首票海关“两步申报”改革试点业务。

14日

英国诺丁汉特伦特大学与中国传媒大学在海口签署来海南合作办学意向书。

15日

学习贯彻党的十九届四中全会精神中央宣讲团海南宣讲报告会暨省委理论学习中心组（扩大）学习报告会在海口举行。

海南省政府与浙江大学在海口签署全面战略合作协议，共建浙江大学海南研究院。

首届风云气象卫星国际用户大会在海口召开。

以“探索、融合、创新”为主题的2019第三届世界生命科技大会在浙江杭州举办。（17日结束）

首届海南岛国际图书（旅游）博览会在三亚举行。（18日结束）

18日

海南自由贸易试验区建设项目（第七批）集中开工和签约在

全省各市县同步举行。本次集中开工项目共129个，总投资1254亿元。

海口国际投资促进局在海口揭牌成立。

19日

省委深改委会议暨自贸区（港）工委会议召开，深入学习习近平总书记关于海南自由贸易港建设的系列重要指示精神，听取海南自由贸易港研究推动有关内容细化情况和措施的汇报，研究部署相关工作。

22日

全省禁毒三年大会战（2020—2022）动员部署会在海口召开。

2019年（第二十届）海南国际旅游岛欢乐节举行。（12月31日结束）

29日

全国政协副主席梁振英率香港特别行政区全国政协委员考察团来海南考察海南自由贸易试验区和中国特色自由贸易港建设情况，并出席在三亚举行的海南省港澳台企业投资合作大会。（12月3日结束）

海南省第六届人民代表大会常务委员会第十五次会议通过《海南省社会保障卡一卡通服务管理条例》。

30日

中国共产党海南省第七届委员会第七次全体会议在海口召开，审议通过《中共海南省委关于提升治理体系和治理能力现代化水平加快推进海南自由贸易港建设的决定》等文件。

2019年12月

1日

第二届海南岛国际电影节在三亚举行。(8日结束)

海南国际离岸创新创业示范区建设暨区块链·数字资产交易技术创新高端论坛在三亚举办。

3日

海南省委书记刘赐贵会见台湾新党主席郁慕明、海峡两岸关系协会顾问陈云林等出席2019“两岸诗会”活动的嘉宾。

6日

第八届三亚·财经国际论坛日举行。(9日结束)

9日

首届中非农业合作论坛在三亚召开。(10日结束)

全国现代种业发展暨南繁硅谷建设工作会议在三亚召开，农业农村部部长韩长赋、中国工程院院士袁隆平出席。

2019年“俄罗斯文化周”在三亚开幕。

10日

习近平总书记在中央经济工作会议上作重要讲话时提到，推动建设海南自由贸易港，健全“一带一路”投资政策及服务体系。(12日结束)

12日

2019年中国（海南）国际热带农产品冬季交易会在海南国际会展中心开幕。

2019国家战略与热带农业峰会在海口举行。

13日

海南省政府与亚美尼亚共和国希拉克州政府在海口签署合作谅解备忘录。

2019“创客中国”国际中小企业创新创业大赛暨全球知商（海口）科创项目对接会在海口国家高新区举办。

14日

2019美丽乡村博鳌国际峰会在琼海博鳌开幕。

17日

海南省政府与美国塞缪尔魏克斯曼癌症研究基金会、海南医学院、上海血液学研究所在琼海博鳌乐城国际医疗旅游先行区举行签约仪式，决定多方共建衰老与肿瘤国际研究中心。全国人大常委会副委员长陈竺出席签约仪式。

省新闻办在海口举办“我为加快推进海南自由贸易港建设作贡献”活动新闻发布会。发布会指出，省委决定，2019年12月到2020年底，在全省广泛开展“我为加快推进海南自由贸易港建设作贡献”活动。

18日

最高人民法院党组书记、院长周强在海南调研。强调充分发挥

人民法院职能作用，为海南自贸试验区和自贸港建设提供高水平司法服务。（20日结束）

19日

中共中央政治局常委、国务院副总理、推进海南全面深化改革开放领导小组组长韩正在国家发展改革委召开座谈会，强调要抓紧制定出台海南自由贸易港建设总体方案、推动海南全面深化改革开放。何立峰出席。

省政府第40次常务会议召开，学习贯彻习近平总书记在中央政治局第十九次集体学习时的重要讲话精神，研究部署安全生产、消防工作。

20日

省委深改委暨自贸区（港）工委会议召开，传达学习习近平总书记在中央深改委第十一次会议上的重要讲话精神。

海南省政府与中国航天科技集团有限公司签署合作协议并举行工作座谈。

海南天然橡胶产业集团股份有限公司与马来西亚橡胶局在马来西亚吉隆坡就改性天然橡胶沥青道路合作进行洽谈并签订合作备忘录。

博鳌乐城国际医疗旅游先行区与全球百强医药健康企业赛诺菲签署战略合作协议，成立“赛诺菲真实世界研究中心”“人享医生集团（博鳌乐城）服务中心”。

21日

“一带一路”国际影响力交流会在三亚举行。

22日

海南省委书记刘赐贵会见来海南参加儋州国际马拉松赛活动的希腊马拉松市市长斯特吉奥·齐尔卡一行。

中国（海南）自由贸易试验区制度创新案例（第六批）新闻发布会召开，发布11项制度创新案例。

省委经济工作会议在海口召开，全面落实中央经济工作会议精神，总结部署全省经济工作。

23日

省政府第41次常务会议召开，研究基本医疗保险基金统收统支管理等工作。

24日

中国（海南）自由贸易试验区反垄断委员会成立大会在海口举行。

26日

以“助推海南新发展、共筑航天新时代”为主题的海南文昌国际航天城招商推介会在文昌举行。

第七届中国旅游产业发展年会在三亚市举行。（27日结束）

27日

长征五号遥三运载火箭在中国文昌航天发射场发射成功。

28日

万宁—洋浦高速公路建成通车，标志海南“田”字形高速公路网全面建成。

29日

中国电子信息产业集团有限公司在海南生态软件园首次面向公众和产业界正式发布《PK体系标准（2019年版）》和《PKS安全体系》。

第三届中国人工智能与大数据海南高峰论坛暨2019年海南省大数据产业联盟年会在海口举行。

31日

海南省第六届人民代表大会常务委员会第十六次会议通过《海南经济特区外国企业从事服务贸易经营活动登记管理暂行规定》《海南经济特区禁止一次性不可降解塑料制品规定》《海南省排污许可管理条例》等法规。

大事记

2020年

2020年1月

1日

海南在全国率先实现医保基金省级统筹，实行全省统一的城乡居民基本医疗保险基金和城镇从业人员基本医疗保险基金（含生育保险）统收统支管理。

5日

海南国家公园研究院举行共建签约仪式，并召开第一届理事会暨专家研讨会。

国家林草局在海口召开海南长臂猿保护专题座谈会。

6日

海南省第六届人民代表大会常务委员会第十七次会议通过《海南省反走私暂行条例》。

7日

中国内地患者首次在琼海博鳌乐城国际医疗旅游先行区接受医美新技术奥赛拉微点聚焦超声治疗仪治疗。

9日

德勤中国在三亚设立的德勤海南办公室正式营业。

10日

国内首例美敦力新一代球囊型冷冻消融导管植入手术在海南博

鳌乐城国际医疗旅游先行区完成。

11日

博鳌乐城国际医疗旅游先行区医疗药品监督管理局正式揭牌。

13日

《海南省排污许可管理条例》正式发布。

14日

国家民委公布第三批“中国少数民族特色村寨”名单，海南9个村寨在列。

15日

中国人民政治协商会议第七届海南省委员会第三次会议在海口召开。（19日结束）

16日

海南省六届人民代表大会第三次会议在海口召开。（20日结束）

17日

商务部等六部门联合印发《关于扩大跨境电商零售进口试点的通知》。

20日

省纪委七届四次全会在海口召开，审议通过省纪委常委会所作的《强化对权力运行的制约和监督 为加快推进海南自由贸易港建设提供坚强保障》工作报告。（21日结束）

省委书记刘赐贵、省长沈晓明专门作出批示，就海南省加强新冠肺炎疫情防控工作作出全面部署。

21日

博鳌乐城国际医疗旅游先行区管理局与波士顿科学公司签订战略合作协议。波士顿科学公司成为乐城管理局在该领域的第一家医疗器械企业合作伙伴。

27日

海南省首批援助湖北省防控新型冠状病毒感染肺炎疫情医疗队147人从海口美兰机场飞赴武汉，参与疫情防控工作。

2020年2月

7日

国家外汇管理局海南省分局印发《关于支持海南自由贸易港建设外汇创新业务政策的通知》。

9日

海南发布“三农”领域“一抗三保”工作十条措施。

10日

海南省六届人民代表大会常务委员会第十八次会议通过《海南省人民代表大会常务委员会关于依法防控新型冠状病毒肺炎疫情坚决打赢疫情防控阻击战的决定》。

由俄罗斯国家通讯社——塔斯社捐赠的首批防疫物资运抵海口美兰国际机场。

11日

海关总署发布公告，增加海口海关为进口心脏起搏器检验实施机构，临床急需的国内未上市的心脏起搏器可加速进入博鳌乐城国际医疗旅游先行区。

13日

省委常委会召开会议，传达学习习近平总书记在中央政治局常务委员会会议上的重要讲话精神，审议有关事项。

17日

省长沈晓明主持召开旅游业疫后恢复重振座谈会。

19日

海南省高级人民法院、中国人民银行海口中心支行、中国银行保险监督管理委员会海南监管局联合印发《关于建立金融消费纠纷多元化解机制的意见》。

21日

省委深改委会议暨自贸区（港）工委会议召开，传达学习习近平总书记在中央全面深化改革委员会第十二次会议上的重要讲话精神，研究海南贯彻落实意见。

24日

南繁科技城建设省级推进领导小组召开会议，要求统一思想、理清思路，科学编制南繁科技城暨中转基地规划。

29日

省政府召开新闻发布会，正式宣布五指山市、临高县、白沙黎族自治县等3市县实现脱贫摘帽。

2020年3月

2日

省政府第44次常务会议召开，研究海南省旅游业振兴计划、建立海上环卫制度等事宜。

8日

海南国际经济发展局推出全球投资服务热线4008-413-413，提供中英日俄德法6种语言服务。

博鳌乐城国际医疗旅游先行区签下年内线下签约第一单，泰济堂中医总部落户，打造园区首个中医专科医疗中心。

10日

海南省“南海系列”育才计划实施情况暨第二批申报评选工作新闻发布会召开，并启动“南海系列”育才 计划第二批申报评选工作。

中国科学院“探索一号”船载着“深海勇士”号载人潜水器在三亚崖州湾科技城南山港码头启航，这是南山港首次成为科考船出发码头。

12日

海南首次开展海砂资源储量全面勘查。

15日

中央复工复产第二十调研组到海口、澄迈、琼海、洋浦实地走访并召开座谈会，调研重点项目、重点企业复工复产情况。（18日结束）

海南自由贸易港官方网站（http：// www.hnftp.gov.cn）正式上线，多角度全方位对外推介海南自贸港。

16日

海南首趟冷藏集装箱货物列车开运，支援湖北荆州。

17日

海南17名个人、5个集体获“希望工程30年突出贡献者”表彰。

省委、省政府在海口美兰机场欢迎首批返琼的支援湖北抗疫医护人员凯旋。

18日

海南首个医疗防护物资生产基地——康芝·海南（国际）医疗防护生产基地建设工程在海口动工。

19日

中办国办复工复产调研海南组到昌江、东方、三亚调研复工复产情况。（20日结束）

20日

海南成功发行全国首单旅游度假目的地CMBS（商业地产抵押贷款支持证券）“德邦海通—复星旅文—三亚亚特兰蒂斯资产支持专项计划”。

海南省新能源汽车促进中心挂牌成立。

23日

省委召开全面恢复加快推动经济建设座谈会，听取海南省固定资产投资、招商引资、恢复扩大社会消费等工作的情况汇报和意见建议。

25日

国内首个使用博鳌乐城真实世界数据的医疗器械产品获批上市。

26日

国务院金融稳定发展委员会办公室地方协调机制（海南省）正式建立。

海南首例海洋环保民事公益诉讼案一审宣判，被告被判赔偿环境污染损害860万余元。

27日

省委书记刘赐贵与中国旅游集团党组书记、董事长万敏等在海口、香港、北京三地通过视频连线方式举行工作会谈。

《海南博鳌乐城国际医疗旅游先行区临床急需进口药品带离先行区使用管理暂行办法》印发。

28日

博鳌乐城国际医疗旅游先行区患者服务中心揭牌成立。

31日

海南省启动2020年首批面向全球招聘三万岗位人才活动。

2020年4月

1日

《海南省反走私暂行条例》施行。

2日

海南省第六届人民代表大会常务委员会第十九次会议通过《海南省人民代表大会常务委员会关于海南自由贸易港洋浦经济开发区等重点园区管理体制的决定》等法规。

4日

海南省、海口市四套班子领导和全省社会各界代表齐聚海南广场，深切悼念抗击新冠疫情斗争牺牲烈士和逝世同胞。

7日

关于修改《关于简化中国（海南）自由贸易试验区保险公司分支机构和高级管理人员准入方式的实施细则》的通知发布。

9日

海南省重点产业园区人才工作现场会在海口举行。

12日

海南省政府与中远海运集团在海口举行工作座谈，就合作事项进行讨论研究。

13日

海南自由贸易港建设项目集中开工和签约仪式在各地同步举行，共集中开工项目共100个，总投资489亿元，全省集中签约项目100个，可形成投资548亿元。

省政府办公厅发布《关于加快推进实施标准地制度的通知》。

G15沈海高速公路海口段正式开工，是海南交通路网连接国家高速公路网的唯一通道。

14日

《关于加强疫情输入防范工作的通知》发布。

15日

《港澳台地区专业人才在中国（海南）自由贸易试验区、海南自由贸易港执业管理办法》施行。

17日

省委办公厅、省政府办公厅印发《关于深入推进市县“一枚印章管审批”改革的实施意见》。

18日

民政部发布公告，国务院批准海南省三沙市设立西沙区、南沙区。

20日

省委深改委暨自贸区（港）工委会议召开，研究部署加快推动自贸港建设相关工作，审议通过《第一届“海南省改革和制度创新奖”建议表彰名单》等文件。

农业农村部公布国家现代农业科技示范展示基地名单，海南5个基地入选。

海南“消费一码通”正式上线。

21日

省疫情防控指挥部制定并发布疫情防控20条措施。

24日

中国证监会、国家发展改革委公开《关于推进基础设施领域不动产投资信托基金（REITs）试点相关工作的通知》。

25日

2020年第一批海南自由贸易港制度创新案例新闻发布会召开，发布6项制度创新案例。

26日

海南省史志馆开馆，省委书记刘赐贵率省四套班子主要领导、省委常委到省史志馆参观展览陈列、回顾革命历史、开展集中学习。

27日

省委疫情工作领导小组会议召开，强调要抓好常态化防控，做好“六稳”“六保”等工作，全面推进生产生活秩序恢复和经济社会发展。

海南启动组织贫困劳动力积极务工专项行动。

28 日

海南自贸港优秀人才表彰大会在海口召开。

29 日

第十三届全国人民代表大会常务委员会第十七次会议通过《全国人民代表大会常务委员会关于授权国务院在中国（海南）自由贸易试验区暂时调整适用有关法律规定的决定》。

30 日

省委举行纪念海南解放 70 周年座谈会。

2020 年 5 月

5 日

长征五号 B 运载火箭在文昌首飞成功。中共中央、国务院、中央军委致贺电。

6 日

海南省三亚市入选国务院公布新设立的 46 个跨境电子商务综合试验区名单。

9 日

《海南省关于加快区块链产业发展的若干政策措施》 印发。

12日

海南省政府与博鳌亚洲论坛秘书处在海口签署双方合作备忘录，博鳌亚洲论坛将在海口设立常驻办事机构。

经中国民航局批准，东方大田机场正式运营。

14日

《全生物降解塑料制品通用技术要求》发布。

15日

海南法律助残公益项目在省高级人民法院启动。

22日

国务院总理李克强代表国务院向十三届全国人大三次会议作政府工作报告。报告提出，赋予自贸试验区更大改革开放自主权，加快海南自由贸易港建设。

26日

海南省人才服务工作现场会在海口市政府服务中心举行。

国家林业和草原局办公室发布《关于做好海南省林木种子生产经营许可证核发权限调整工作的通知》。

28日

中共中央总书记、国家主席、中央军委主席习近平对海南自由贸易港建设作出重要指示指出，在海南建设自由贸易港，是党中央着眼于国内国际两个大局、为推动中国特色社会主义创新发展作出的一个重大战略决策，是我国新时代改革开放进程中的一件大事。

要坚持党的领导，坚持中国特色社会主义制度，对接国际高水平经贸规则，促进生产要素自由便利流动，高质量高标准建设自由贸易港。要把制度集成创新摆在突出位置，解放思想、大胆创新，成熟一项推出一项，行稳致远，久久为功。海南省要认真贯彻党中央决策部署，把准方向、敢于担当、主动作为，抓紧落实政策早期安排，以钉钉子精神夯实自由贸易港建设基础。中央和国家有关部门要从大局出发，支持海南大胆改革创新，推动海南自由贸易港建设不断取得新成效。

29日

团中央、人力资源社会保障部公布第20届全国青年岗位能手名单，海南50人获“全国青年岗位能手标兵”称号，760人获“全国青年岗位能手”称号。

30日

中共中央政治局常委、国务院副总理、推进海南全面深化改革开放领导小组组长韩正到海南调研，并在海口主持召开推进海南全面深化改革开放领导小组全体会议并讲话。会议学习贯彻习近平总书记关于海南自由贸易港建设的重要指示精神，全面落实《海南自由贸易港建设总体方案》，审议有关政策文件，研究部署当年重点工作。胡春华、何立峰出席会议。（31日结束）

31日

中共中央政治局委员、国务院副总理胡春华到洋浦经济技术开发区、洋浦保税港区等地实地考察港口作业和口岸监管等情况，强调充分发挥先行开放平台作用，确保海南自由贸易港建设开好头。

2020年6月

1日

中共中央、国务院正式对外发布《海南自由贸易港建设总体方案》。

"中远海运兴旺"轮成为第一艘以"中国洋浦港"为船籍港注册的货轮。

海南省海口市美舍河湿地、东方市四必湾湿地、儋州市新盈红树林湿地入选国家林业和草原局发布的《2020年国家重要湿地名录》。

海南国际仲裁院国际商事调解中心在海口揭牌设立。

2日

省委书记刘赐贵分别与世界最大机场免税商杜福睿集团、世界知名能源服务商壳牌集团会谈。

省政府印发《海南自由贸易港博鳌乐城国际医疗旅游先行区临床急需进口医疗器械管理规定》。

海南省妇女儿童医学中心（复旦大学附属儿科医院海南分院、海南省儿童医院）成功完成省内本地医疗团队独立进行的首例新生儿大动脉调转手术，对全省危重先心病救治具有里程碑意义。

3日

海关总署印发《中华人民共和国海关对洋浦保税港区监管办法》。

民航局印发《海南自由贸易港试点开放第七航权实施方案》。

省委办公厅、省政府办公厅联合印发《推进"百家央企进海南”行动方案（2020—2022）》。

海南自由贸易港11个重点园区在全省各地同步挂牌。

首批港澳台侨服务工作站在海口江东新区、博鳌乐城国际医疗旅游先行区、洋浦经济开发区、三亚崖州湾科技城、海南生态软件园5个海南自贸港重点园区挂牌。

4日

国家重大公共卫生服务项目——2020年海南省城市癌症早诊早治项目在海南省肿瘤医院启动。

7日

12家国际药械厂商通过线上线下同步签约的方式，与博鳌乐城国际医疗旅游先行区建立深度合作关系，支持其建设超级眼科。

8日

国务院新闻办公室在北京举行《海南自由贸易港建设总体方案》有关情况新闻发布会。

9日

香港特区行政长官林郑月娥会见传媒时表示，粤港澳大湾区与海南自由贸易港可以发挥协同作用。

《引进知名高校补助资金管理办法（暂行）》印发。

全国首个深水自营大气田陵水17–2气田完成首口开发井作业。

海南自由贸易港博鳌乐城国际医疗旅游先行区进口特许药械品种引进突破100例，可用抗肿瘤新药、罕见病药达100种。

10日

中共海南省委七届八次全会在海口召开，审议通过《中共海南省委关于贯彻落实〈海南自由贸易港建设总体方案〉的决定》和省委七届八次全会决议。（11日结束）

中国民航局举行新闻发布会，介绍海南自由贸易港试点开放第七航权的实施方案。

《人民日报》刊发海南省委书记、省人大常委会主任刘赐贵专访报道《高质量高标准建设海南自由贸易港》。

11日

海南省市场监管局与美团点评集团签署智慧监管合作框架协议。

12日

首艘“中国洋浦港”船籍港货轮交付使用。

13日

海南自由贸易港首次项目集中签约活动在海口举行，通过6轮签约重点项目35个。

海南省科学技术厅与中国科学院理化技术研究所在海口签署战略合作协议。

15日

政协七届海南省委员会常务委员会第十三次会议召开，审议通过《政协第七届海南省委员会关于贯彻中共海南省委七届八次全会精神 全力助推海南自由贸易港建设的决议》。

16日

海南自由贸易港建设专家咨询委员会成立大会暨第一次专家座谈会在北京召开。

海南省第六届人民代表大会常务委员会第二十次会议通过《海南省人民代表大会常务委员会关于贯彻落实〈海南自由贸易港建设总体方案〉的决议》《海南自由贸易港博鳌乐城国际医疗旅游先行区条例》《海南省多元化解纠纷条例》等法规。

18日

国务院发布《关于在中国（海南）自由贸易试验区暂时调整实施有关行政法规规定的通知》。

商务部召开网上例行新闻发布会，商务部新闻发言人特别提到自贸港利好政策对海南的积极影响。

海南国际经济发展局联合中国欧盟商会，通过视频方式向欧洲企业推介海南自贸港优惠政策及投资机遇。

2020文旅国际峰会暨世界酒店论坛在三亚举行。（19日结束）

19日

《吸引留住高校毕业生建设海南自由贸易港的若干政策措施》印发。

《关于开展贸易外汇收支便利化试点工作的通知》印发。

海南省网上统战（网上工商联）智能化平台启动仪式在海口举行。

海南自贸港民事、行政、公益诉讼检察研究基地签约揭牌仪式在海南大学举行。

中央全面依法治国委员会办公室印发《关于第一批全国法治政

府建设示范地区和项目命名的决定》，海南省海口市入选第一批全国法治政府建设示范市。

20日

《人民日报》（海外版）刊发文章《国际社会高度关注中国启动自由贸易港建设 海南自贸港是“振奋人心的一步”》，聚焦海南自由贸易港建设。

23日

财政部、国家税务总局发布《关于海南自由贸易港高端紧缺人才个人所得税政策的通知》《关于海南自由贸易港企业所得税优惠政策的通知》。

以洋浦港为中转港的首条内外贸同船航线开通。

24日

海南首座大型天然气调峰电厂全面投产发电。

27日

省委常委会召开会议，传达学习习近平总书记关于海南自由贸易港生态环保工作的重要批示精神，决定自7月始在全省开展为期100天的生态环境保护大督察。

28日

省委深改委暨自贸区（港）工委会议召开，传达推进海南全面深化改革开放领导小组第三次会议纪要，审议通过贯彻落实《海南自由贸易港建设2020年重点工作安排》的任务清单和责任分工等文件。

国务院印发《关于在中国（海南）自由贸易试验区暂时调整实施有关行政法规规定的通知》。

国内首艘全数配备国产化科考作业设备的载人潜水器支持保障母船“探索二号”抵达三亚崖州湾科技城南山港。

海关总署、财政部、税务总局、外汇局批复同意设立三亚市保税物流中心（B 型）。

29 日

财政部、海关总署、税务总局发布《关于海南离岛旅客免税购物政策的公告》，明确从 2020 年 7 月 1 日起执行新的离岛免税政策。

国家税务总局发布《关于修订〈中华人民共和国企业所得税月（季）度预缴纳税申报表（A 类，2018 年版）〉等报表的公告》，针对海南自由贸易港企业所得税优惠新政，专门对企业所得税月（季）度预缴纳税申报表进行了修订。

30 日

首部讲述海南传统手工艺匠人故事的大型人文影像专辑《匠韵琼艺》首发式暨海南文化传承与发展高端论坛在海口举行。

2020 年 7 月

1 日

离岛免税“新政”开始实施，离岛旅客每年每人免税购物额度调整为10万元，当年离岛免税销售额实现倍增。

4日

海南开展“自贸港建设政策解读进市县活动”。

海南自由贸易港首笔货物贸易外汇收支便利化试点业务成功办理。

5日

“直通海南省网上督查室”平台开通。

6日

海关总署印发重新修订的《中华人民共和国海关对海南离岛旅客免税购物监管办法》。

海南国际仲裁院理事会成立。

中央广播电视总台《中国经济生活大调查》发布2019—2020年度“中国十大美好生活城市”榜单，海口连续六年上榜。

7日

国务院发布《关于做好自由贸易试验区第六批改革试点经验复制推广工作的通知》，其中包括海南4项改革试点经验。

海南首个国家海外人才离岸创新创业基地获批设立。

9日

海关总署发布《关于调整海南进出境游艇有关管理事项》的公告。

10日

关于海南离岛免税购物经营主体有关问题的公告发布。

13日

海南自由贸易港建设项目（第二批）集中开工活动在全省各地同步举行，共集中开工项目121个，总投资281亿元。

14日

国务院新闻办公室举行上半年进出口情况新闻发布会。海关总署新闻发言人表示，海关总署专门成立支持海南全面深化改革开放工作领导小组，大力支持海南自由贸易港建设。

17日

全省禁毒三年大会战表彰大会在海口召开。

20日

“兴隆咖啡”入选首批中欧地理标志互认互保名单。

22日

中国船级社（CCS）发布8项检验服务举措，便利船公司在中国自贸区（港）进行船舶注册登记。

自贸港园区人才工作站设立挂牌仪式举行，海口江东新区、海口国家高新技术产业开发区、海口综合保税区、海口复兴城互联网信息产业园4个重点园区人才工作站同时揭牌。

23日

《企业信用风险分类监管暂行办法》印发。

中国首次火星探测任务天问一号探测器在海南文昌成功发射。

24日

海南省政府与国家电力投资集团有限公司在海南签署战略合作框架协议。

国家航天局探月与航天工程中心在文昌启动中国第一辆火星车全球征名。

27日

省政府办公厅印发《关于加快推动休闲渔业试点促进休闲渔业健康发展的指导意见》。

《海南省支持会展业发展资金管理办法》印发。

海南省“优化事业单位对外籍人员的管理和服务”入选全国深化服务贸易创新发展试点第二批最佳实践案例。

28日

博鳌乐城国际医疗旅游先行区首个全球同步应用创新药品瑞普替尼正式落地。

29日

《海南能源综合改革方案》《智慧海南总体方案（2020—2025年）》印发。

30日

海南自由贸易港国际互联网数据专用通道获批。

省委深改委暨自贸区（港）工委会议召开，传达学习中央全面深化改革委员会第十四次会议精神和推进海南自由贸易港建设工作专班第一次赴海南调研督导有关情况。

31 日

海南省第六届人民代表大会常务委员会第二十一次会议通过《海南自由贸易港消防条例》《海南省人民代表大会常务委员会关于批准在洋浦经济开发区等六个园区推广适用“三园”特别极简审批的决定》等文件。

国家税务总局海南省税务局发布《关于海南自由贸易港企业所得税优惠政策有关问题的公告》，明确海南自由贸易港企业所得税优惠政策的相关规定。

省政府办公厅印发《中国（三亚）跨境电子商务综合试验区实施方案》。

2020 年 8 月

1 日

中新社连续刊发《自贸港吸引来了“新闯海人”》《海南提高公务员本领服务自贸港建设》两篇文章，关注海南引才工作和公务员队伍建设。

2 日

海南自由贸易港博鳌乐城全球特药险（海南版）正式上线发布。

3 日

海南一号卫星一期 4 颗光学卫星星地对接试验在中国遥感卫星

地面站三亚站启动。

《人民日报》刊发文章《政策活 消费火》，聚焦海南离岛免税购物新政落地成效。

6日

新加坡中华总商会会长黄山忠一行来海南考察，并与海南国际经济发展局举行座谈。

“海南—新加坡线上专家研讨会”在海口召开。

7日

推进海南全面深化改革开放领导小组办公室牵头成立推进海南自由贸易港建设工作专班，由国家发展改革委、财政部、商务部、中国人民银行、海关总署等部门组成。

海南省人民政府与德国比勒费尔德应用科技大学签署战略合作协议，国内首个境外高校独立办学项目落户海南自由贸易港。

8日

海口区域性国际通信业务出入口局获批设置。

10日

位于海口的全球贸易之窗“一站式”服务平台启用。

11日

省委办公厅、省政府办公厅联合印发《关于强化知识产权保护的实施意见》。

12 日

访琼驻华使节团在海口出席海南自由贸易港政策宣介会暨经贸合作交流会，开启在海南的参访交流。

《学习时报》刊发海南省省长沈晓明署名文章《以自由贸易港建设推动海南高质量发展》。

昌江黎族自治县被中国围棋协会授予“全国围棋之乡”称号。

商务部印发《全面深化服务贸易创新发展试点总体方案》。

13 日

自由贸易港第二批重点项目集中签约活动在海口举行，签约重点项目 59 个。

2020 全球物流技术大会在海口召开。（14 日结束）

海南国际投资“单一窗口”正式上线。

15 日

第五届亚太国际急诊论坛暨海南医学会急诊医学、创伤医学专业委员会 2020 年学术年会在海口开幕。（16 日结束）

17 日

省委、省政府在海口召开推进高质量高标准投资现场观摩会。

18 日

海南省市场监督管理局对“证照分离”改革全覆盖事项清单进行更新。

2020 年海南旅游业“旺工淡学”人才培养项目启动。

19日

国家海洋督察海南省整改情况专项督察在海口分别召开动员会和工作汇报会。

《海南省高层次人才服务专员管理办法》新闻发布会在海口举行。

20日

国务委员兼外交部部长王毅在海南保亭同印度尼西亚外长蕾特诺举行会谈。

海南省委书记、省人大常委会主任刘赐贵在三亚拜会来海南出席系列外交活动的国务委员兼外交部部长王毅一行。

海南长臂猿保护国际研讨会在海口举行。（21日结束）

海南自贸港航运发展高峰研讨会于海口举行。

21日

国务委员兼外交部部长王毅在海南保亭同巴基斯坦外长库雷希举行第二次中巴外长战略对话。

海口文明东越江隧道通车，海口东西两岸进入联动发展新时代。

23日

GMT特权链2.5版本发布暨3.0版本前瞻大会在海口召开。

24日

2020全球电竞运动领袖峰会暨腾讯电竞年度发布会在琼海博鳌召开。

25日

2020中国（海南）国际海洋产业博览会在三亚开幕。（31日结束）

26日

省政府印发《海南自由贸易港享受个人所得税优惠政策高端紧缺人才清单管理暂行办法》。

国家体育总局公布40个国家体育消费试点城市名单，三亚市入选。

《严重违法失信企业信用修复办法》印发。

27日

泛珠三角区域环境保护合作联席会议第十六次会议在海口召开。

28日

省委深改委暨自贸区（港）工委会议召开，传达关于推进海南自由贸易港建设工作专班第一次赴海南调研督导工作情况的报告。

省委、省政府发布《关于表彰第一届“海南省改革和制度创新奖”项目的决定》。

海南首单实质性飞机租赁业务落地。

海口江东新区管理局与中航国际租赁有限公司签署合作协议。

海南国际知识产权交易中心正式开业，并同10余家知识产权机构现场签约合作。

29日

省委书记刘赐贵在海口会见世界500强跨国企业考察团一行。

30日

“中国洋浦港”进入10万吨级巨轮港行列。

31日

省委、省政府召开海南自由贸易港创一流营商环境动员大会。

省委发布《海南省贯彻〈中国共产党政法工作条例〉实施细则》。

全天候进出岛人流、物流、资金流监管系统荣获第一届“海南省改革和制度创新奖”一等奖。

2020年9月

1日

海南自由贸易港航空航天产业招商推介会暨项目集中签约仪式在文昌举行。

海南首个农村产权交易市场海南（三亚）农村产权服务中心揭牌成立。

海南陵水黎安国际教育创新试验区管理局设立。

海南自贸港境外发债宣讲会举行。

2日

国务院总理李克强主持召开国务院常务会议，核准海南昌江核电二期工程。

经中央编办批准，省委决定，将省委自由贸易试验区（自由贸易港）工作委员会更名为省委自由贸易港工作委员会。

海南部署根服务器镜像节点和国家顶级域名节点获批。

海南自由贸易港及2021年中国国际消费品博览会比利时专场线上推介会举办。

3日

海南省第六届人民代表大会常务委员会第二十二次会议通过《海南热带雨林国家公园条例（试行）》等法规。

《财政部 交通运输部 税务总局关于海南自由贸易港国际运输船舶有关增值税政策的通知》印发。

省委、省政府印发《海南省深化教育教学改革全面提高义务教育质量行动方案》。

《海南省市场监督管理局关于推行包容审慎监管优化营商环境的指导意见》印发。

海南自由贸易港第八批共8项制度创新案例发布。

海南首支科技成果转化投资基金签约落地。

5日

国际新一代无导线起搏器在海南自贸港博鳌乐城国际医疗旅游先行区完成首例临床应用。

7日

“世界侨商海南行”活动在海口举行。（10日结束）

复星FC2M大会暨全球生态供应链峰会在三亚举办。

全国台企联投资考察海南自贸港座谈会在海口召开。

国家公园体制试点评估验收组来海南开展实地核查。

8日

全国抗击新冠肺炎疫情表彰大会在北京召开，海南省20名全国抗击新冠肺炎疫情先进个人、5个全国抗击新冠肺炎疫情先进集体、3名全国优秀共产党员、3个全国先进基层党组织获表彰。

海南自由贸易港政策说明会暨旅游文体产业招商推介会在北京举办。

“衣被海南——海南黎族纺织文化展”在北京民族文化宫展览馆开幕。

中国国际经济贸易仲裁委员会海南仲裁中心、中国海事仲裁委员会海南仲裁中心揭牌。

9日

解放军总医院海南医院开发的“5G+全息远程诊疗系统”开通。

11日

国家油茶科学中心热带试验站在琼海市国营上埇林场挂牌成立。

12日

央视财经频道《对话》栏目专访海南省委书记刘赐贵，聚焦《海南自由贸易港建设总体方案》发布百日以来的亮眼成效，深入解读中国特色自由贸易港建设这一重大国家战略。

13日

海南自由贸易港建设项目（第三批）集中开工活动在全省各地同步举行，共集中开工项目151个，总投资403亿元。

14日

省委常委会召开会议，审议通过《关于开展海南自由贸易港国际人才服务管理改革试点工作的实施方案》等文件。

交通运输部发布《关于在中国（海南）自由贸易试验区深化改

革开放调整实施有关规章规定的公告》。

《海口海关关于简化报关单随附单证有关事项的公告》发布。

15日

海南十三届全国人大代表热带雨林国家公园建设调研组在海口举行动员座谈会。

16日

省政府印发《海南自由贸易港外籍“高精尖缺”人才认定标准（2020—2024年试行）》。

经省委常委会审议通过，认定首批海南省“双百”人才团队（100个人才团队和100个储备人才团队）。

海南自贸港首支合格境外有限合伙人（QFLP）基金成立。

国家体育训练南方基地挂牌仪式在海口帆船帆板基地举行。

三亚发布首个招商引资形象片，并启用该市全球投资服务热线4009-520-520。

17日

海南省委书记刘赐贵，省委副书记、省长沈晓明与澳门特别行政区行政长官贺一诚在三亚举行会谈，共商琼澳合作。

海南省人民政府与广西壮族自治区人民政府在三亚签署《关于深化开放合作共谋发展的框架协议》。

海口国际商事调解中心揭牌成立。

18日

2020年泛珠三角区域合作行政首长联席会议在三亚市召

开。会议各方共同签署《2020年泛珠三角区域合作行政首长联席会议纪要》。

2020年中国对外贸易500强企业排名发布暨自由贸易创新发展（洋浦）论坛在洋浦经济开发区举办。

《海南省环岛旅游公路工程可行性研究报告》获批。

19日

海南自贸港国际投资（三亚）高峰论坛在三亚开幕。

2020海南自贸港对外经济论坛暨供应链项目集中签约仪式在海口举行。

20日

海关总署发布关于洋浦保税港区统计办法的公告。

21日

中共中央政治局委员、全国人大常委会副委员长王晨在海南就制定海南自由贸易港法进行调研。

省政府印发《海南自由贸易港境外人员参加职业资格考试管理办法（试行）》《海南自由贸易港境外人员执业管理办法（试行）》。

《关于开展海南自由贸易港国际人才服务管理改革试点工作的实施方案》印发。

22日

《海南自由贸易港对境外人员开放职业资格考试目录清单（2020）》《海南自由贸易港认可境外职业资格目录清单（2020）》印发。

23日

省委、省政府在海口为海南省首批“双百”人才团队举行授牌仪式。

省委办公厅、省政府办公厅印发《海南自由贸易港高层次人才认定办法》。

《海南自由贸易港高层次人才分类标准（2020）》印发。

中国欧盟商会组织30余家重点企业的70余名代表来海南，实地考察海南自贸港。

国内登记的最大载重吨船舶“远华洋”轮正式入列“中国洋浦港”。

25日

博鳌亚洲论坛秘书处海口办公室正式揭牌成立。

海南自由贸易港政策宣介暨经贸洽谈会举办。

教育部调研组来海南调研脱贫致富电视夜校经验做法。

首家国外奢侈品零售集团决定将中国总部落户海南自贸港。

第二届健康中国创新传播大会暨第七届中国医疗品牌建设大会在琼海博鳌亚洲论坛主会场开幕。

27日

全国清理和规范庆典研讨会论坛活动工作领导小组批复同意海南省人民政府、商务部在海南省海口市共同举办首届中国国际消费品博览会。

《关于持永久居留身份证外籍高层次人才创办科技型企业试行办法》印发。

28日

第十三届中国绿公司年会在海口举行。(30日结束)

海南自由贸易港首条洲际航线开通。洋浦—南太平洋—澳洲集装箱航线正式开通运营。

29日

国家税务总局发布《海南离岛免税店销售离岛免税商品免征增值税和消费税管理办法》。

国家发展改革委发布《海南现代综合交通运输体系规划》。

海南省新能源汽车产业国际专家咨询委员会成立大会暨第一次会议在海口举行。

海南自贸港首笔境内贸易融资资产跨境转让业务成功办理。

海南自贸港首笔外汇资本金结汇便利化真实性审核业务成功办理。

海南中部地区首家AAAA级旅游景区琼中百花岭雨林文化旅游区正式揭牌。

30日

海南省第六届人大常务委员会第二十三次会议审议通过《海南省文明行为促进条例》。

海南省向英雄烈士敬献花篮暨烈士光荣证颁授仪式在海口市金牛岭解放海南岛战役烈士陵园举行。

全球创新药普拉替尼(Pralsetinib)落地海南自贸港博鳌乐城国际医疗旅游先行区。

是月

中央网信办批准海南作为跨境访问试点省,当年即开通38个省直机关、60家企业及一批高校科研院所总计800个境外账户。

2020年10月

1日

海南省天然气管网正式划转至国家管网。

9日

省委办公厅、省政府办公厅联合印发《海南自由贸易港制度集成创新行动方案（2020—2022年）》。

海南首个文科院士工作站创建。

《海口海关关于实施海南离岛免税进口食品化妆品特定附条件放行监管创新模式的公告》发布。

10日

《海南省关于开展合格境外有限合伙人（QFLP）境内股权投资暂行办法》印发。

13日

海南自由贸易港第三批重点项目集中签约活动在海口举行，共签约46个重点项目，总投资额超过170亿元。

14日

海南有2个基层检察院被授予第七届“全国先进基层检察院”称号。

15日

2020软科“中国最好学科排名”发布，海南大学法学学科位列全国第18位，跻身前10%。

16日

2020（第十七届）中国橡胶材料高峰论坛暨橡胶材料专委会会员大会在海口举行。（18日结束）

17日

全国脱贫攻坚奖表彰大会暨先进事迹报告会在北京举行，海南2人和1个单位获2020年全国脱贫攻坚奖。

2020年海南跨境电商交流会在海口举行。

19日

省委人才发展局、省税务局通过邮寄、当面送达等方式送出约万封《致海南自由贸易港高端紧缺人才的一封信》。

20日

全国人大常委会海南自由贸易港法起草工作专班在海南开展立法调研。（25日结束）

21日

海南首个国产飞机ARJ21租赁项目落地。

海南首票“船边直提”业务在洋浦小铲滩国际集装箱码头落地。

22日

2020年全省消费扶贫成果图片展在海南省人大会堂开展。

23日

海南省委、省人大与全国人大常委会海南自贸港法起草工作专班举行会谈。

“第五届海南新能源汽车及电动车展览会暨新能源汽车下乡——海南站”活动在海南国际会展中心开幕。

人力资源社会保障部印发《关于支持海南自由贸易港人力资源和社会保障事业创新发展的实施意见》。

24日

省政府印发《海南省支持高新技术企业发展若干政策（试行）》。

中国法学会国际经济法学研究会2020年年会暨第二届中国（海南）自由贸易港高端法治论坛在海口举行。

26日

《中共海南省委 海南省人民政府关于表彰2020年海南省脱贫攻坚奖的决定》印发。

“海南农业生物多样性参与式原生境保护和可持续利用项目”启动会在海口举行。

海南聚焦自由贸易港建设早期安排落地和近三年工作重点，制定公布18项制度集成创新任务。

27日

海南首个国家海外人才离岸创新创业基地揭牌。

海南首家中国胸外科ERAS（加速康复外科）示范项目加速康复外科示范病房在海口市人民医院胸外科部正式揭牌。

29日

中国（海南）—荷兰经贸合作交流会在海口举行。

海南自贸港建设以来首条东盟航线开通。

30日

海南自贸港种业发展论坛在三亚海棠湾举行。

2020年11月

1日

省委办公厅、省政府办公厅印发《关于提振现代服务业创新发展的实施意见》。

首届海南电视剧产业高峰论坛在三亚举行。

海南省房屋建筑和市政基础设施工程项目全面推行应用建筑工程施工许可证电子证照。

2日

省委、省政府印发《关于促进中医药在海南自由贸易港传承创新发展的实施意见》。

2020三亚台商峰会在三亚召开。

3日

自然资源海南省卫星应用技术中心揭牌仪式在海南测绘地理信

息局举行。

《海南自由贸易港国际船舶登记程序规定》印发。

4日

国家主席习近平在第三届中国国际进口博览会开幕式上指出，海南自由贸易港建设顺利开局。中国将有效发挥自由贸易试验区、自由贸易港引领作用，出台跨境服务贸易负面清单，在数字经济、互联网等领域持续扩大开放，深入开展贸易和投资自由化便利化改革创新，推动建设更高水平开放型经济新体制。

5日

五指山市被中国气象局公共气象服务中心评为“中国天然氧吧”城市。

6日

《鼓励港澳台地区人才服务海南发展若干意见》印发。

7日

2020年度海南省院士创新平台授牌仪式在海口举行。

8日

海南自贸港第九批6项制度创新案例发布。

海南自贸港首条洲际航空货运航线开通。

2020第七届中国南北雕塑联展在海南省博物馆开幕。

9日

应急管理部召开第五届全国119消防先进集体和先进个人表彰

大会，海南有4个集体和4名个人获表彰。

10日

国家主席习近平向博鳌亚洲论坛国际科技与创新论坛首届大会开幕致贺信指出，博鳌亚洲论坛同澳门特别行政区政府共同举办国际科技与创新论坛大会，将为全球科技创新提供交流合作的重要平台。希望大会围绕“创新赋能可持续发展”这一主题，集思广益，增进共识，促进合作，使科技创新更好造福各国人民。

学习贯彻党的十九届五中全会精神中央宣讲团报告会暨海南省委理论学习中心组（扩大）学习会在省人大会堂举行。

《关于海南省建设用地出让控制指标和产业项目用地准入协议实施有关问题的通知》印发。

“奋斗者”号载人潜水器在马里亚纳海沟10909米深处成功坐底并顺利返回，创中国载人深潜新纪录。

11日

财政部、海关总署、税务总局联合印发《关于海南自由贸易港原辅料“零关税”政策的通知》，海南自由贸易港首张“零关税”商品清单正式发布。

海南自由贸易港博鳌乐城全球特药保险（全国版）上线发布。

13日

海南自由贸易港建设项目（第四批）集中开工活动在全省各地同步举行，本次集中开工项目162个，总投资551.8亿元。

海南自由贸易港人才服务“单一窗口”在省人才服务中心和海口、三亚、儋州、澄迈、洋浦5个地区人才服务平台同步启动运行。

第四届海南国际健康产业博览会在海南国际会展中心举办。

14日

第86次中国改革国际论坛在海口举办。

博鳌乐城维健罕见病临床医学中心揭牌。

16日

《海南自由贸易港人才服务“单一窗口”建设方案》印发。

18日

2020文旅国际峰会暨第十三届世界酒店论坛在海口举行。

19日

国家主席习近平在亚太经合组织工商领导人对话会上发表题为《构建新发展格局 实现互利共赢》的主旨演讲，其中再次提到海南自由贸易港。

2020世界旅游美食发展论坛在海口举行。

首艘以免担保方式进入海南的自驾游艇进行登临查验与检疫等工作，并办理入境手续。

民营企业助力海南自贸港建设投资对接峰会在海口举行。（20日结束）

20日

全国精神文明建设表彰大会在北京召开，海口市、琼海市继续保留“全国文明城市”称号。

2020年（第二十一届）海南国际旅游岛欢乐节在海南国际会

展中心开幕，2020年（第五届）海南世界休闲旅游博览会、2020年（第六届）海南国际旅游美食博览会、2020年海南国际旅游装备博览会三大展会同时开馆。

22日

海南省政府分别与国家国防科技工业局、中国航天科工集团有限公司签署战略合作协议。

23日

省长沈晓明在海口分别会见亚洲基础设施投资银行行长金立群、中国进出口银行董事长胡晓炼。

24日

省政府印发《海南省实施国务院授权土地征收审批事项管理办法》。

省委办公厅印发《海南自由贸易港公职人员容错纠错办法（试行）》。

国家卫生健康委科教司支持海南自贸港建设座谈会暨医学学会协会签约仪式在海口举行。

嫦娥五号探测器在海南文昌成功发射。

2020文昌国际航空航天论坛在海口举行。（25日结束）

“大源湖”油轮成为首艘回洋浦母港完成入籍“中国洋浦港”注册的国际船舶和首艘在洋浦母港加注保税油的国际船舶。

2020中国动漫产业年会在海口开幕。

25日

中国海上最大高温高压气田东方13-2气田投产。

26日

自然资源部党组书记、部长陆昊在海南省琼中黎族苗族自治县就定点扶贫、海南热带雨林国家公园体制试点工作进行调研。（27日结束）

中国国际贸易促进委员会与海南省政府在海口市签署深化合作备忘录，并共同举办海南自贸港推介座谈会和中国贸促会海南自由贸易港服务中心揭牌仪式。

《海南自由贸易港内公司境外上市登记试点管理办法》印发。

2020智慧中国年会在北京举行，海南省大数据管理局的海南国际投资“单一窗口”获政务服务创新奖。

中国国际贸易促进委员会组织15家在华外国商协会代表团来海南考察。

27日

海南省省长沈晓明、国家药监局局长焦红在琼海博鳌为国家药品监督管理局药品医疗器械监管科学研究基地揭牌。同日，海南省真实世界数据研究院正式挂牌。

国务院发展研究中心调研组一行77人，由党组书记马建堂带队，在海南开展自由贸易港建设半年评估。

2020年临床真实世界数据应用试点工作领导小组（扩大）会议在琼海博鳌召开。

28日

实现10909米坐底纪录的“奋斗者”号胜利返航，在海南三亚南山港靠泊。中国成为世界上第二个实现万米载人深潜的国家。中共中央总书记、国家主席、中央军委主席习近平发来贺信。

第四届中国人工智能与大数据海南高峰论坛暨2020年海南省大数据产业联盟年会在海口举行。

海南自由贸易港建设半年评估工作汇报会在海口市召开。

30日

海关总署印发《海南自由贸易港进口“零关税”原辅料海关监管办法（试行）》。

《海南省产业用地先租后让管理实施细则》印发。

2020年12月

1日

全省领导干部会议召开，宣布中央关于调整海南省委主要领导职务的决定：沈晓明同志任海南省委书记，刘赐贵同志不再担任海南省委书记、常委、委员职务，冯飞同志任海南省委委员、常委、副书记。

海口海关成功受理海南自由贸易港首票原辅料“零关税”报关单。

《国家外汇管理局海南省分局关于支持海南开展新型离岸国际贸易外汇管理的通知》发布。

2日

海南省第六届人民代表大会常务委员会第二十四次会议通过《海南自由贸易港三亚崖州湾科技城条例》《海南省生态保护补偿条例》《海南热带雨林国家公园特许经营管理办法》等法规。

国家税务总局发布《国际运输船舶增值税退税管理办法》。

省政府办公厅和省科技厅联合印发《海南开放创新合作机制》。

2020海南国际新能源汽车拉力赛暨中国新能源汽车拉力锦标赛总决赛开赛。

3日

中共海南省第七届委员会第九次全体会议在海口召开，研究部署海南贯彻落实党的十九届五中全会精神的具体措施和重点任务。（4日结束）

4日

第二届（2020）中国自贸智库论坛在文昌召开。

海南自贸港首单FTN账户美元流动资金贷款业务成功落地。

5日

中国科研院所领导者跨界创新论坛在三亚举办。（6日结束）

第三届海南岛国际电影节在三亚举行，来自60个国家及地区的189部影片参加展映。（12日结束）

9日

省委深改委暨自贸港工委会议召开，传达学习中央全面深化改革委员会第十六次会议精神，审议通过《海南自由贸易港第十批制度创新案例》等文件。

11日

海南省科学技术奖励大会在海口召开。

2020首届海南（国际）游艇产业博览会在海口举办。

2020年全国外宣工作协作会在海口召开，《发出海南声音 讲好中国股市——打造以“333”为架构的海南自由贸易港国际传播体系》入选2020年度“对外传播十大优秀案例”。

海南自贸创新体育产业研究院在海口揭牌成立。

12日

第十批12个海南自由贸易港制度创新案例发布。

13日

海南省政府与三峡集团签署战略合作框架协议。

省政府办公厅印发《海南省产业园区管理暂行办法》。

省政府办公厅印发《海南省政务信息化项目建设管理办法》。

海南自由贸易港第四批75个重点项目集中签约活动在海口举行，协议投资总额约390亿元。

15日

全省中医药大会在海口召开。

《关于落实海南自由贸易港高端紧缺人才个人所得税优惠政策有关问题的通知》发布。

16日

纪念海南省老区建设促进会成立30周年座谈会在海口举行。

17日

海南自贸港国内建造从事国际运输船舶出口退税政策正式

落地。

2020年中国（海南）国际热带农产品冬季交易会开幕式暨海南农产品品牌推介活动在海南国际会展中心举行。

嫦娥五号返回器携带月球样品安全返回着陆。

中国首架通用航空共享专机首飞仪式举行。

海南自贸港特医特药跨境医疗保险项目正式上线。

18日

衰老与肿瘤国际研究中心签约及揭牌仪式在海口举行。

2020海南自贸港与热带农业峰会在海口举行。

海南医保电子凭证上线启用。

19日

2020年第十二届海南省全民健身运动会在海口世纪公园开幕。

中国遗传病医学论坛在海口举行。

20日

海南省国防科技工业办公室、文昌市人民政府、文昌国际航天城管理局、中国运载火箭技术研究院在文昌签署《中国运载火箭技术研究院海南分院合作协议》。

21日

全国党建研究会在海南召开党建高端智库建设工作座谈会。（22日结束）

海南省与白俄罗斯格罗德诺州通过视频方式签署友好省州协议和经济贸易科学技术文化交流合作协议。

22日

十三届全国人大常委会第二十四次会议对《中华人民共和国海南自由贸易港法（草案）》进行一审。

中国自主研制的新型中型运载火箭长征八号首次飞行试验在中国文昌航天发射场顺利实施。

“中国（海南）—东盟2020智库论坛”在海口举行。

23日

中共中央政治局常委、国务院副总理、推进海南全面深化改革开放领导小组组长韩正主持召开推进海南全面深化改革开放领导小组全体会议，深入学习贯彻习近平总书记重要指示批示精神，贯彻落实中央经济工作会议部署要求，总结海南全面深化改革开放工作和海南自由贸易港建设进展情况，研究部署2021年重点工作。胡春华、何立峰出席会议。

海南省政府在北京与小米集团、金山集团签订战略合作框架协议。

海南首次设立的39个院士创新平台科研专项项目在海口签约立项。

第十五届泛珠三角区域知识产权联席会议在海口召开。会议签署了《加强泛珠区域知识产权保护合作协议》。

24日

教育部与海南省政府在陵水黎族自治县举行部省会商暨海南国际教育创新岛建设工作推进会，并签署共同加快海南国际教育创新岛建设合作协议。

三亚海事局创新推出三亚游艇等涉客船舶“一船一码”综合管理与服务平台。

25日

教育部党组书记、部长陈宝生一行调研海南大学，并在海南大学召开2020年部省合建工作年度会议。

财政部、海关总署、税务总局联合公布《关于海南自由贸易港交通工具及游艇“零关税”政策的通知》。

海南—以色列科技成果联合转化中心签约仪式在三亚崖州湾科技城举行，以色列国驻广州总领事馆正式设立海南—以色列科技成果联合转化中心。

第一届中国睡眠医学发展高峰论坛在三亚举行，海南省睡眠医学专科联盟成立。（26日结束）

洋浦港口集装箱吞吐量首次突破100万标箱。

海南万宁金椰子、文昌冯家湾花螺获得国家农产品地理标志登记证书。

26日

十三届全国人大常委会第二十四次会议表决通过关于设立海南自由贸易港知识产权法院的决定。

海南现代妇女儿童医院正式挂牌三级甲等妇产医院，成为全省首家三甲民营医院。

28日

经国务院批准，财政部、商务部、海关总署、国家税务总局四部委批复海南省新设立6家离岛免税店，三亚、海口各3家。

海南省公共卫生中心项目（包括海南省疾病预防控制中心异地新建和海南省公共卫生临床中心两个子项目）在海口开工建设。

中国博物馆协会流动博物馆专业委员2020年年会暨流动博物

馆建设与发展研讨会在中国（海南）南海博物馆举行。（29日结束）

29日

海南省政府与中国联通集团在海口签署战略合作协议。

30日

海南省第六届人民代表大会常务委员会第二十五次会议通过《海南自由贸易港海口江东新区条例》。

省政府印发《海南自由贸易港“零关税”进口交通工具及游艇管理办法（试行）》。

海南洋浦保税港区首批飞机租赁业务落地。

31日

海南自由贸易港知识产权法院揭牌，最高人民法院党组书记、院长周强，海南省委书记沈晓明参加揭牌仪式。

省委深改委暨自贸港工委会议召开，审议通过《海南省未设立口岸查验机构区域综合执法点工作方案》等文件。

经国务院批准，国家发展改革委、商务部全文发布《海南自由贸易港外商投资准入特别管理措施（负面清单）（2020年版）》。

省政府办公厅印发《海南省全面推行证明事项告知承诺制实施方案》《海南省全面推行涉企经营许可事项告知承诺制实施方案》。

临高角解放公园更名为“海南解放公园”并正式开园。

大事记

2021年

2021年1月

4日

《海南省人民政府关于修改〈海南省土地储备整理管理暂行办法〉的决定》发布。

《非居民参与海南自由贸易港交易场所特定品种交易管理试行规定》印发。

5日

《财政部 海关总署 税务总局关于海南自由贸易港试行启运港退税政策的通知》印发。

海关总署发布《海南自由贸易港交通工具及游艇“零关税”政策海关实施办法（试行）》。

6日

《海南省关于支持重大新药创制国家科技重大专项成果转移转化的若干意见》印发。

三亚珊瑚礁生态研究所驻崖州湾科技城实验室暨南海珊瑚礁生态联合实验室启用。

7日

海南自由贸易港立法咨询委员会成立大会暨自贸港法律法规体系研讨会在海口举行。

通用电气医疗中国与海南自贸港博鳌乐城国际医疗旅游先行区

签署战略合作协议。

8日

最高人民法院发布《关于人民法院为海南自由贸易港建设提供司法服务和保障的意见》。

11日

海南省区块链财政电子票据应用管理平台正式上线。

海南“十三五”建设发展辉煌成就系列首场新闻发布会在海口举行。

12日

海南首次承接境外飞机进境保税维修业务，这是海航技术2021年首单使用柬埔寨维修许可证开展维修放行的业务。

中国（海南）国际贸易“单一窗口”正式上线“零关税”进口交通工具及游艇企业资格申报功能。

海南省三沙市、儋州市、五指山市、文昌市、万宁市被正式命名为国家卫生城市。

13日

全省各地举行海南自由贸易港建设项目2021年（第一批）集中开工仪式，共139个项目，总投资超419亿元。

科创板改革成果首次在海南落地。

14日

海口美兰区入列第三批全国农村创业创新典型县。

15日

第五届国际海水稻论坛在三亚举行。

洋浦保税港区规划调整顺利通过省联合验收组验收，并签署《洋浦保税港区规划调整基础和监管设施验收纪要》。

16日

商务部党组书记、部长王文涛在海南开展海南自由贸易港建设和首届消博会筹备工作调研。

18日

《海南省关于支持洋浦保税港区开展新型离岸国际贸易的工作措施》印发。

第20批、21批中央组织部、共青团中央（来琼）博士服务团总结欢迎会在海口举行。

19日

海南省高院英文网站（http：//en.hicourt.gov.cn）上线。

海南省外事办公室与新西兰驻广州总领事馆共同举办中国（海南）—新西兰优化营商环境研讨会。

20日

海南国际仲裁院国际医疗争议调解/仲裁中心在海南博鳌乐城国际医疗旅游先行区成立。

21日

《人民日报》、央视《新闻联播》、《经济日报》分别推出题为

《打造对外开放新高地 稳步建设自由贸易港》《持续深化改革开放推动海南自贸港建设》《推动海南自由贸易港建设取得重要进展》的海南省委书记沈晓明的专访报道。

海南省在新设立登记的纳税人中实行增值税专用发票电子化。

22日

人民日报刊发文章《实际使用外资连续3年翻番 海南自贸港彰显强劲吸引力》。

23日

中国人民政治协商会议第七届海南省委员会第四次会议在海口举行，会议围绕海南经济社会发展重大问题，积极资政建言、共谋良策，为海南自由贸易港建设贡献智慧和力量。（27日闭幕）

24日

海南省六届人大四次会议在省人大会堂开幕，代省长冯飞作政府工作报告。（28日结束）

海南省高院公布海南法院扫黑除恶十大典型案例。

27日

国家发展改革委印发《重大区域发展战略建设（推进海南全面深化改革开放方向）中央预算内投资专项管理办法》。

国家发展改革委、财政部、税务总局联合印发《海南自由贸易港鼓励类产业目录（2020年本）》。

28日

海南省第六届人民代表大会第四次会议审查批准《海南省国民

经济和社会发展第十四个五年规划和二〇三五年远景目标纲要》。

海口市江东新区国际设计港举办企业入驻集中签约仪式，18家国内外优质设计单位签订入驻协议。

29日

省纪委七届五次全会在海口召开，审议通过省纪委常委会所作的《忠实履行党章和宪法赋予的职责 为高质量高标准建设海南自由贸易港提供坚强保障》工作报告。

首票“零关税”帆船在海口海关所属三亚海关通关放行。

30日

《海南省人民政府办公厅关于构建海南自由贸易港以信用监管为基础的过程监管体系的实施意见》发布。

31日

海口观澜湖免税城、海控全球精品（海口）免税城一期正式开业。

2021年2月

1日

海南依托国家异地就医结算系统统一开展普通门诊费用（不含门诊慢特病）跨省直接结算试运行。

海南首家“一站式”法律服务超市开业。

2日

《财政部 海关总署 税务总局关于增加海南离岛旅客免税购物提货方式的公告》发布。

海南观鸟会、海口畓榃湿地研究所联合宣布2021年海南越冬水鸟调查结果，共记录到水鸟65种30700只，是历年调查记录到水鸟种类和数量最多的一次。

3日

省政府印发《海南省省级土地储备运作机制》。

国家体育训练南方基地“一核”落户海口江东新区。

4日

省人大常委会在海南自贸港博鳌乐城国际医疗旅游先行区设立首个海南自贸港园区基层立法点。

海南自由贸易港知识产权法院生态软件园司法保护联系点揭牌仪式在海南生态软件园举行。

海文大桥北港岛互通工程举行通车仪式。

全国首个真实世界数据研究与评价重点实验室落户海南博鳌乐城国际医疗旅游先行区。

5日

海南省委全面依法治省工作会议在海口召开。

全省精神文明建设表彰大会在海口举行。

新版《国家重点保护野生动物名录》实施，海南省国家级重点保护陆生野生动物有161种。

海南黎母山学而山房和海南海香园获“全国林草科普基地”称号。

6日

中国自主研发建造的全球首座十万吨级深水半潜式生产储油平台——“深海一号”能源站抵达海南岛东南陵水海域。

首届中国种业发展论坛暨种业投融资研讨会在北京、三亚两地线上线下同时举办。

水稻超高产栽培技术项目在海南省选取6个点位进行试验示范。

7日

海南自贸港第十一批8项制度创新案例公布。

2020年度全国综合减灾示范社区名单公布，海南有9个基层社区入选。

10日

载人潜水器支持保障母船“探索二号”搭载载人潜水器“深海勇士”号返回三亚，完成海上深潜调查及自主研发设备的科学应用任务。

14日

海南首部影视特技特效实景剧《琼州阻击战》上演。

18日

中央农办、农业农村部印发《关于通报表扬2020年全国村庄清洁行动先进县的通知》，三亚市吉阳区、白沙黎族自治县入选。

省委、省政府印发《海南省人民医院综合改革方案》。

《三亚市优化营商环境若干规定》出台。

20日

国家热带牧草标本馆揭牌仪式在儋州举行。

21日

省政府成立由冯飞省长任组长的海南省优化营商环境工作专班。

23日

海南在全国率先实现职工社保医保服务“全省通办”。

24日

海南首家数字化成人预防接种门诊揭牌开诊。

25日

全国脱贫攻坚总结表彰大会在北京人民大会堂举行。海南30人获评全国脱贫攻坚先进个人，23个集体获评全国脱贫攻坚先进集体。

26日

财政部、交通运输部、商务部、海关总署、税务总局联合印发《关于海南自由贸易港内外贸同船运输境内船舶加注保税油和本地生产燃料油政策的通知》。

27日

海南自由贸易港2021年（第一批）重点项目集中签约活动举行，共签约34个项目，协议投资总额约138亿元。

省委办公厅、省政府办公厅印发《海南自由贸易港聘任境外人员担任法定机构、事业单位、国有企业领导职务管理规定（试行）》。

28日

海南省塑料行业协会专家委员会、海南省塑协生物降解材料专业委员会成立。

2021年3月

1日

省委深改委暨自贸港工委会议召开，传达学习中央全面深化改革委员会第十八次会议精神，听取关于国研中心2020年海南自由贸易港建设评估报告问题梳理及解决建议的汇报。

全省党史学习教育动员大会暨省委党史学习教育领导小组第一次（扩大）会议在海口召开。

海南自贸港首次面向全球选聘法定机构、事业单位、国有企业主要负责人。

海南10人荣获全国巾帼建功标兵称号，13个集体荣获全国巾帼建功先进集体称号，25个集体荣获全国巾帼文明岗称号。

2日

海南启动南海生物多样性、生物种质资源库和信息数据库建设项目。

《海南省发展和改革委员会关于做好2021年电动汽车充电基础设施建设工作的通知》印发。

3日

韩国贸易协会（KITA）上海代表处首席代表沈準碩、韩国CJ集团（杰希集团）中国总部副总裁朴恩模一行来海南考察访问。

4日

《财政部 海关总署 税务总局关于海南自由贸易港自用生产设备“零关税”政策的通知》公布。

海关总署发布《海南自由贸易港自用生产设备“零关税”政策海关实施办法（试行）》。

5日

十三届全国人大四次会议开幕会在人民大会堂举行，国务院总理李克强作政府工作报告指出，要推进海南自由贸易港建设，加强自贸试验区改革开放创新，推动海关特殊监管区域与自贸试验区融合发展，发挥好各类开发区开放平台作用。

《国家税务总局海南省税务局 海南省财政厅 海南省市场监督管理局关于海南自由贸易港鼓励类产业企业实质性运营有关问题的公告》发布。

2021年海南省重点项目大盘敲定，共安排省重点（重大）项目129个。

6日

《海南省人民政府关于将部分省级行政管理事项调整由市、县、自治县和洋浦经济开发区实施的决定》发布。

《海南省人民政府办公厅关于调整省级权力清单的通知》印发。

2021年海南自贸港大讲堂第一场讲座在海口开讲。

省政府决定将44项省级行政管理事项调整由市、县、自治县和洋浦经济开发区实施。

8日

海南省纪念“三八”国际劳动妇女节111周年暨三八红旗手标兵、三八红旗手（集体）表彰大会在海口举行。

海南省一体化在线政务服务平台上线老年人优待证快办业务，并在澄迈、琼中试点启用线上老年人电子优待证。

9日

海南自贸港第一批市场化QFLP（合格境外有限合伙人）基金集中落户三亚。

10日

财政部、海关总署联合印发《关于明确海南自由贸易港“零关税”自用生产设备相关产品范围的通知》。

上海船舶运输科学研究所航运技术与安全国家重点实验室洋浦工作站挂牌成立。

11日

G9812海琼高速嘉积互通至长坡互通路段成为海南省首批智能汽车开放测试和示范应用高速路段。

12日

国务院总理李克强代表国务院在十三届全国人大四次会议上所作的政府工作报告全文发布，其中在“2021年重点工作”中明确提到，“加强贸易促进服务，办好进博会、广交会、服贸会及首届中国国际消费品博览会等重大展会”。

长征七号改遥二运载火箭在文昌成功发射。

三亚市首个区级人才服务中心成立。

13日

海南自由贸易港建设项目2021年度（第二批）集中开工活动在全省各地同步举行，本次集中开工项目共110个，总投资289亿元。

14日

人民日报在头版刊发文章《海南找准产业定位提升服务效能——园区发展劲头足》，点赞海南自贸港园区建设。

16日

“奋斗者”号全海深载人潜水器交付活动在三亚举行。

儋州市海南石花水洞地质公园4A级景区挂牌仪式在石花水洞景区举行。

海南省贸促会商事法律服务/中国贸促会（中国国际商会）海南调解中心航天城联络站、中国国际经济贸易仲裁委员会海南仲裁中心航天城联络站在文昌国际航天城管理局揭牌。

17日

中国进出口银行与海南省人民政府签署《支持海南自由贸易港建设“抗疫情 保企业 稳外贸”联合工作方案》。

中国最南端的职工书屋——三沙市永兴社区职工书屋启用。

《海南自由贸易港自用生产设备“零关税”进口企业主体资格认定工作机制》印发。

《海南省2021年禁塑联合执法行动方案》出台。

18日

财政部、国家税务总局印发《海南自由贸易港旅游业、现代服务业、高新技术产业企业所得税优惠目录》。

麦默通“锐妍”双向真空辅助乳房活检与旋切系统乐城全球首例应用手术在博鳌一龄生命养护中心实施。

中国国际消费品博览会发布吉祥物“元宵”。

中国种子集团有限公司在三亚崖州湾科技城揭牌入驻。

中国法学会审判理论研究会行政审判理论专业委员会2020年年会在海口召开。（19日结束）

19日

党史学习教育中央宣讲团宣讲报告会暨省委理论学习中心组（扩大）学习会在省人大会堂举行。

中国移动海南—香港国际海缆系统工程海南侧海缆登陆海南文昌。

白沙黎族自治县入选中国科协科普部公布的《2016—2020年度全国科普示范县（市、区）总结评估优秀名单》。

20日

2021年中国种子大会暨南繁硅谷论坛在三亚开幕。

22日

农业农村部科技发展中心—崖州湾分子检测实验室揭牌。

国际新特许药械骨性关节炎注射凝胶在海南自贸港博鳌乐城国际医疗旅游先行区完成国内首例应用。

中国（海南）国际贸易“单一窗口”海南特色应用进口“零关税区”自用生产设备企业资格申报功能模块正式上线。

23日

全国人大常委会委员、台盟中央常务副主席李钺锋一行在洋浦调研，并召开座谈会，深入了解洋浦航运制度综合配套改革及西部陆海新通道国际航运枢纽港建设情况。

24日

中共中央政治局委员、国务院副总理孙春兰在三亚、陵水、琼中、海口调研，强调要扩大教育、卫生、体育对外开放，更好服务海南自由贸易港建设。（26日结束）

海南省第六届人民代表大会常务委员会第二十七次会议通过《海南省城乡供水管理条例》等法规。

国务院新闻办公室举行新闻发布会，介绍首届中国国际消费品博览会有关情况。

海南省政府与中国医学科学院签署合作框架协议，共建中国医学科学院海南医学健康研究院。

25日

全国政协农业和农村委员会副主任张勇率领的全国政协农业和农村委员会调研组，深入陵水、乐东、三亚、海口等地开展“加强农业种质资源保护利用”专题调研。（29日结束）

首届中国中小企业协会区块链创新高峰论坛在海口举行。

普拉替尼胶囊上市，这是中国首个使用真实世界数据获批的创新药。

26日

国务院发展研究中心党组书记马建堂率调研组在海南调研，表示国务院发展研究中心将完善与海南的沟通联络机制，认真做好动态评估和专题调研。

五指山至保亭至海棠湾高速公路全线通车。

海南首个石化新材料院士工作站挂牌运行。

27日

外交部和博鳌亚洲论坛秘书处联合工作组访琼，就论坛年会筹备工作与海南省深入交换意见。（28日结束）

科技部2020年度国家重点研发计划“物联网与智慧城市关键技术及示范”重点专项、“面向城市宜居的认知计算与一体化服务平台及其应用示范”项目在海口启动。

海南自贸港首条定期洲际货运航线正式开通。

2021年海南自贸港大讲堂第二场讲座在海口举行。

29日

国家热带病研究中心海南分中心在海南省疾病预防控制中心正式揭牌。

海南全省24家法院集中举行少年法庭及少年法庭工作办公室同步挂牌仪式。

30日

省政府办公厅印发《海南深海科技城建设方案（2020—2035年）》。

第四届海南省“人民满意的公务员”“人民满意的公务员集体”暨记一等功公务员、记一等功公务员集体表彰大会在海口举行。

新时代卫国戍边英雄群体先进事迹宣讲会在海口举行。

31日

人民银行、银保监会、证监会、外汇局会同相关部委印发《关于金融支持海南全面深化改革开放的意见》。

新型离岸国际贸易先行示范区在洋浦保税港区正式挂牌运行。

华能海南昌江核电3、4号机组工程开工建设。

中宣部、中央文明办公布2020年度全国学雷锋志愿服务“四个100”先进典型名单，海南4个先进典型获表彰。

博鳌乐城国际创新药械交流转换中心项目通过验收，宣布竣工。

海南自由贸易港试行启运港退税政策首票报关单落地。

新药擎乐（瑞派替尼）获国家药监局批准上市。

是月

海南省跨境资金集中运营业务实现“零”的突破。

海南省自主开发专业技术人才信息统计系统，在全国率先探索试行专业技术人才管理服务“一码通行”新模式。

2021年4月

1日

省委深改委暨自贸港工委会议召开，听取海南自由贸易港风险防控工作情况汇报，审议通过《海南自由贸易港第十二批制度创新案例》等文件。

3日

全国统一的医疗保障信息系统在海南正式落地应用。

6日

中央教育工作领导小组秘书组、教育部一行来到海南，以座谈交流、实地调研等方式督查“十三五”以来海南落实中央对教育工作的决策部署总体情况。

海南省《红旗不倒》《黎族家园》《呦呦鹿鸣》3部作品入选庆祝中国共产党成立100周年优秀舞台艺术作品展演剧目。

外商独资船舶管理公司首张符合证明签发。

7日

全省作风整顿建设年动员部署会在海口召开。

海南自由贸易港启运港退税政策在洋浦落地，首单业务申请退税。

海口首批20辆新冠疫苗移动接种车投入使用。

国内首个完全基于乐城真实世界研究数据申报的OT-401（氟轻松玻璃体植入剂）的新药上市申请获国家药监局受理。

8日

《海南省人民政府关于提高上市公司质量促进资本市场发展的若干意见》印发。

《海南省开展合格境内有限合伙人（QDLP）境外投资试点工作

暂行办法》印发。

内外贸同船运输船舶加注保税油政策在洋浦正式落地。

《国家发展改革委 商务部关于支持海南自由贸易港建设放宽市场准入若干特别措施的意见》印发。

9日

全国政协副主席、台盟中央主席苏辉率台盟中央2021年度民主党派重点考察调研组来海南，就“建设高水平对外开放平台，助力构建新发展格局”开展考察调研。（12日结束）

省委办公厅、省政府办公厅印发《关于海南省“三线一单”生态环境分区管控的实施意见》。

10日

海南自由贸易港第十二批5项制度创新案例集中发布。

中国热带农业科学院构建完整的热带牧草种质资源保存体系，保存量居国内第一、世界第二。

12日

生态环境部党组书记孙金龙就中央生态环境保护督察反馈问题整改情况及生态文明试验区建设工作开展调研。（13日结束）

中共中央宣传部、国务院新闻办公室举行海南自由贸易港建设专题新闻发布会，五部委联合海南省对海南三年全面深化改革开放及自由贸易港政策制度进行全面解读。

海南自由贸易港国际互联网数据专用通道开通仪式举行。

13日

海南全面深化改革开放座谈会在海口召开。

海南自由贸易港2021年（第二批）重点项目集中签约活动在海南国际会展中心举行，共签约106个项目，协议投资金额约657.2亿元。

生态环境部与海南省政府签署战略合作协议，共同推进国家生态文明试验区建设。

《人民日报》头版刊发文章《海南 蹄疾步稳开新局》，聚焦2018年4月13日以来海南自由贸易港建设成效。

《人民日报》刊发海南省委书记沈晓明署名文章《努力成为新时代全面深化改革开放新标杆》。

海南自由贸易港首单启运港退税业务成功办理。

博鳌乐城国际医疗旅游先行区国际创新药械交流转换中心正式投入使用。

柬埔寨吴哥航空与海口市交通港航局正式签署合作协议。

海南首笔“琼科贷”业务落地。

海南省农业科学院三亚研究院、海南省实验动物研究中心举行揭牌仪式。

14日

最高人民检察院党组书记、检察长张军就落实习近平法治思想、开展好党史学习教育和政法队伍教育整顿在海南检察机关进行调研督导。（16日结束）

15日

中国首个千亿方自营深水大气田“深海一号”气田（陵水17-2气田）所有开发井的钻完井作业已全部完成。

18日

博鳌亚洲论坛2021年年会在琼海博鳌开幕，主题是“世界大变局：共襄全球治理盛举 合奏‘一带一路’强音”。来自60多个国家和地区的2600多名代表参加。（21日结束）

国务院国资委党委书记、主任郝鹏与41家央企主要负责同志同海南省委、省政府在海口召开“贯彻落实习近平总书记重要指示批示精神、奋力推进海南自由贸易港建设”座谈会。

海南省政府分别与中国石油天然气集团有限公司、中国海洋石油集团有限公司签署战略合作协议。

19日

国家副主席王岐山出席博鳌亚洲论坛成立20周年回顾展启动仪式并巡展。

博鳌亚洲论坛主题公园正式对公众开放，博鳌亚洲论坛成立20周年回顾展、海南全面深化改革开放成就展（2018—2021）同时开展。

由中国—东盟中心和海南大学联合倡议发起的“中国—东盟体育文化发展联盟”与“海上丝绸之路艺术教育联盟”在海口成立。

20日

国家主席习近平在琼海博鳌亚洲论坛2021年年会开幕式上以视频方式发表题为《同舟共济克时艰，命运与共创未来》的主旨演讲。

国家副主席王岐山出席博鳌亚洲论坛2021年年会开幕式，集体会见论坛理事和战略合作伙伴，并同中外企业家代表座谈。

《人民日报》刊发海南省委书记沈晓明署名文章《全面践行总体国家安全观 努力建设更高水平的平安自由贸易港》。

国务院批复同意在天津、上海、海南、重庆开展服务业扩大开放综合试点。

21日

商务部印发《海南省服务业扩大开放综合试点总体方案》。

《中共海南省委 海南省人民政府关于全面推进乡村振兴加快农业农村现代化的实施意见》发布。

《中共海南省委 海南省人民政府关于深化医疗保障制度改革的实施意见》发布。

23日

海军三型主战舰艇——长征18号艇、大连舰、海南舰在海南三亚某军港集中交接入列。中共中央总书记、国家主席、中央军委主席习近平出席交接入列活动。

商务部等20部门印发《关于推进海南自由贸易港贸易自由化便利化若干措施的通知》。

26日

《财政部 海关总署 税务总局关于中国国际消费品博览会展期内销售的进口展品税收优惠政策的通知》发布。

海南海事部门为“宏鲲玫瑰”轮签发船舶所有权登记证书，这标志着海南自贸港首艘“零关税”进口运输船舶正式落户洋浦。

“海南大学知识产权研究实践基地”在海南自由贸易港知识产权法院揭牌成立。

首艘外籍船舶成功回归洋浦注册登记，这也是首艘“零关税”进口营运用船舶。

27日

由广东省政协主席王荣率领的住粤全国政协委员调研组来海南开展“促进粤港澳大湾区与海南自贸港联动发展实现国家重大战略叠加放大效应”专题调研。（30日结束）

2021年全国五一劳动奖章、工人先锋号评选结果出炉，海南共有33个集体和个人获得全国五一劳动奖章和全国工人先锋号表彰。

三亚海旅免税城完成首笔数字人民币离岛免税购物支付。

28日

全国政协副主席万钢率致公党中央调研组来海南围绕“发挥双循环节点作用，促进经济高质量发展”开展专题调研。（30日结束）

全球首款多发性骨髓瘤治疗药物塞利尼索特许引进博鳌乐城暨首例用药患者获准“带药离园”新闻发布会在博鳌举行。

29日

中国空间站天和核心舱在文昌航天发射场发射成功。

全球创新的软骨再生技术在乐城首次落地，填补了中国运动医学领域相关空白。

中国首个海上智能气田群——东方气田群在海南全面建成。

30日

国务院办公厅发布通报，对在2020年落实有关重大政策措施真抓实干成效明显的海南省等22个省区市予以督查激励。

2021年海南省五一劳动奖和工人先锋号表彰大会在海口召开。

复兴号首次在海南环岛高铁上运营。

中央组织部、商务部主办的“推进自由贸易试验区建设”专题公务员对口培训班在海口召开。

2021年5月

1日

沪琼签订教育合作发展协议。

4日

国务院批复同意设立海口空港综合保税区。

6日

首届中国国际消费品博览会（简称“消博会”）在海口开幕，中共中央政治局委员、国务院副总理胡春华出席开幕式，宣读习近平主席贺信并致辞。本届消博会主题为“开放中国 海南先行”，展览总面积8万平方米，主宾国为瑞士，共有来自70个国家和地区（含中国）的1505家企业的2628个消费精品品牌参展，总进场观众超24万人次，各类采购商和专业观众数量超3万人。（10日结束）

中国侨联副主席、澳门地区中国和平统一促进会会长刘艺良率调研组一行到海南调研，推动琼澳交流合作。（9日结束）

世界地贫日主题宣传活动在海口市举行。

7日

全球消费创新暨免税与旅游零售大会在海南国际会展中心举行。

首届中国国际消费品博览会游艇展启航暨签约仪式举行。

《人民日报》刊发文章《共享开放机遇 共创美好未来——习近平主席致首届消博会贺信彰显合作共赢之道》。

新华社发布综合消息《共享发展机遇 彰显共赢之道——多国人士称赞中国举办首届消博会》。

8日

中共中央政治局委员、国务院副总理胡春华在海南省考察种业工作，强调要把种源安全摆在关系国家安全的战略高度，扎实做好种质资源普查、保护和利用，夯实打好种业翻身仗基础。

中央农办主任，农业农村部党组书记、部长唐仁健一行在海南调研强调，要抓紧抓实南繁硅谷建设，做强做优热带特色高效农业。

首届中国国际消费品博览会首艘“零关税”进口游艇签约。

首艘由境外转入海南自由贸易港登记的国际船舶由中国香港正式转籍加入“中国洋浦港”，这也是海南自由贸易港首艘“零关税”进口并从事国际航线运输的船舶。

《人民日报》（海外版）报道《首届消博会，精品真不少》。

10日

央视《焦点访谈》以《相约自贸港 共享新机遇》为题，聚焦首届中国国际消费品博览会。

全国人大常委会副委员长曹建明率全国人大常委会专题调研组来海南，围绕加强和改进新时代人大工作以及人民法院知识产权审判工作情况等开展专题调研。（14日结束）

《海南自由贸易港投资新政三年行动方案（2021—2023年）》发布。

11日

海南自贸港首艘“零关税”进口集装箱船舶顺利通关放行。

12日

省委在海口召开庆祝建党百年专题新闻发布会。

海南省崖州湾种子实验室在三亚崖州湾科技城正式揭牌。

国家知识产权局正式批复同意建设中国（三亚）知识产权保护中心。

13日

海南自由贸易港建设项目2021年度（第三批）集中开工活动在全省各地同步举行，本次集中开工项目共108个，总投资291亿元。

海南省外汇与跨境人民币业务展业自律机制正式发布“海南自由贸易港新型离岸国际贸易展业规范”，强调新型离岸国际贸易业务全流程管理。

14日

教育部国际司、港澳台办一行来海南召开支持海南国际教育创新岛建设座谈会。

15日

国家禁毒委在海南召开环琼毒品查缉工作推进会，海南、福建、广东、广西、四川、云南6省区签订《环琼毒品查缉区域合作协议》。

2021年海南自贸港大讲堂第四场讲座在海口举行。

16日

海南首条第五航权航线“雅加达⇌新加坡⇌海口”全货机航线开通。

17日

全国公安机关扫黑除恶专项斗争总结表彰电视电话会议在北京举行，海南公安2个集体被公安部记“集体一等功”，1名民警被授予“全国公安系统二级英模个人”，3个集体被评为“成绩突出集体”，9名民警被评为“成绩突出个人”。

19日

中国农业科学院南繁育种研究中心在三亚揭牌成立。

海南自贸港首辆“零关税”进口汽车顺利通关放行。

20日

首个外国驻三亚商务联络处——欧洲中国总商会（意大利）中国三亚商务处在三亚揭牌成立。

21日

《海南省人民政府办公厅关于规范产业扶持财税政策有关事项的通知》发布。

全球首个商用海底数据中心示范项目推进会在海口召开。

23日

RCEP区域发展媒体智库论坛在海口举行。

25日

全国政协副主席、全国工商联主席高云龙率调研组来海南围绕“推进海南自由贸易港建设”开展专题调研。（29日结束）

26日

省委常委会召开会议，传达学习习近平总书记在中央政治局第二十九次集体学习时的重要讲话精神。

海南公布第一批省级农业种质资源保护单位名单。

27日

海南省乡村振兴局挂牌成立。

国家体育总局办公厅公布全国首批全国县域足球典型名单，琼中黎族苗族自治县名列其中。

《人民日报》《光明日报》《经济日报》集中推出庆祝中国共产党成立100周年特刊《奋斗百年路 启航新征程·海南篇》。

《人民日报》刊发海南省委书记沈晓明署名文章《心怀国之大者 锐意改革创新 蹄疾步稳推进中国特色自由贸易港建设》。

《经济日报》刊发海南省委副书记、省长冯飞的专访《稳步推进海南自贸港建设取得新成效》。

28日

《关于在洋浦经济开发区等重点园区实施国土空间用途转用和规划审批制度改革试点的意见》发布。

文化和旅游部公布第三批文化和旅游部重点实验室名单，海南1家实验室入选。

海南3个集体6名个人荣获水利部授予的全面推行河长制湖长

制工作先进集体和先进个人称号。

29日

天舟二号货运飞船在海南文昌航天发射场点火发射。

全球首座十万吨级深水半潜式生产储油平台——“深海一号”能源站顺利完成全部设备安装工作。

30日

中国科学技术协会发布第二批“科创中国”试点城市（园区）名单，三亚崖州湾科技城榜上有名。

31日

文化和旅游部联合中央宣传部、中央党史和文献研究院、国家发展改革委推出“建党百年红色旅游百条精品线路”，海南3条路线入选。

海南省第六届人民代表大会常务委员会第二十八次会议召开，表决通过《海南经济特区物业管理条例（草案）》《海南省电动自行车管理条例（草案）》等地方性法规草案。（6月1日结束）

2021年6月

1日

省委深改委暨自贸港工委会议召开，传达学习中央全面深化改革委员会第十九次会议精神，研究部署海南省贯彻落实意见。

海南省第六届人民代表大会常务委员会第二十八次会议通过

《海南自由贸易港国际船舶条例》《海南省各级人民代表大会常务委员会规范性文件备案审查条例》等法规。

《关于金融支持海南自由贸易港重点园区的指导意见》印发。

2日

洋浦经济开发区商会揭牌成立。

3日

全省扫黑除恶专项斗争总结表彰大会召开，表彰先进集体和先进个人，部署常态化开展扫黑除恶专项斗争。

4日

省委常委会召开（扩大）会议，审议通过《“查堵点、破难题、促发展”活动实施方案》等文件。

省政府办公厅印发《海南省“十四五”科技创新规划》。

海南自由贸易港政策介绍交流会在海口举行。

全省19个市县区（含洋浦，不含三沙）乡村振兴机构挂牌完成。

7日

省委党史学习教育领导小组（扩大）会议召开，审议《省级领导班子党史学习教育读书班工作方案》《省委党史学习教育领导小组近期工作重点》。

8日

海南低碳能源研究中心在海口成立。

10日

十三届全国人大常委会第二十九次会议表决通过《中华人民共和国海南自由贸易港法》，国家主席习近平签署第85号主席令予以公布。

国务院公布第五批国家级非物质文化遗产代表性项目名录和国家级非物质文化遗产代表性项目名录扩展项目名录，海南共4个项目入选第五批国家级非物质文化遗产代表性项目名录。

由博鳌乐城国际医疗旅游先行区牵头筹建的全国大健康产业园共同体在北京成立。

11日

省工业和信息化厅联合海南股权交易中心共同设立区域股权交易“专精特新板”，在海口举办启动仪式。

海南省庆祝中国共产党成立100周年主题集邮展览在省博物馆开幕。

16日

党史学习教育中央第七指导组正式进驻海南开展督导指导工作，推动海南省党史学习教育深入开展。

省政府办公厅印发《海南省以超常规手段打赢科技创新翻身仗三年行动方案（2021—2023年）》，提出“六翻番、六突破”的具体目标。

海南省文物局挂牌仪式在海口举行。

17日

中国共产党海南省第七届委员会第十次全体会议在海口召开，

审议通过《中共海南省委七届十次全体会议决议（讨论稿）》。（18日结束）

19日

省政府办公厅印发《关于落实进一步优化营商环境 更好服务市场主体实施意见的措施》。

海南自由贸易港2021年（第三批）重点项目集中签约活动在海南国际会展中心举行。

2021中国文博产业发展峰会在海口开幕，海南国际文化艺术品交易中心同日上线运营。

海南解放公园、中国（海南）南海博物馆入选中共中央宣传部新命名的第七批共111个全国爱国主义教育示范基地。

国家医疗保障信息平台率先在海南全省上线。

20日

《海南自由贸易港建设白皮书（2021）》发布。

中华环保联合会海南自由贸易港工作机构挂牌成立。

21日

海南自由贸易港建设一周年评估工作汇报会在海口召开。

国务院新闻办公室在北京举行新闻发布会，介绍《中华人民共和国海南自由贸易港法》有关情况。

省民政厅联合省老促会公布中共琼崖第一次代表大会旧址、母瑞山革命根据地纪念园等首批71个红色地名。

《学习时报》刊发海南省委书记沈晓明署名文章《学好党的历史这门必修课 当好海南自由贸易港建设这个时代课题答卷人》。

22日

《海南省人民政府关于将部分省级管理权限调整由重点园区管理机构实施的决定》发布，海南57项省级管理权限调整由相关重点园区管理机构实施。

2021海口台商峰会在海口开幕。

23日

中国（海南）自由贸易港双循环与对外开放新格局高层咨询会在海口举行。

海南首个专为外国人提供服务的专区——“外国人服务专区”在三亚市政务中心揭牌。

海口国家高新区率先推出临时用地行政审批改革。

25日

中国自营勘探开发的首个1500米超深水大气田“深海一号”在海南岛东南陵水海域正式投产，每年稳定供气30亿立方米。

海南举行打击治理离岛免税“套代购”走私专项行动启动仪式。

27日

《国务院关于同意海南三亚港口岸扩大开放的批复》发布。

28日

全国“两优一先”（优秀共产党员、优秀党务工作者和先进基层党组织）表彰大会在北京举行，海南有5名优秀共产党员、3名优秀党务工作者和3个先进基层党组织获得党中央表彰。

海南首宗“带建筑设计方案”、三亚首宗“先租后让”成交土地获许可。

29日

省委深改委暨自贸港工委会议召开，审议通过《关于贯彻落实〈推进海南全面深化改革开放“十四五”实施方案〉的任务清单和责任分工》等文件。

“七一勋章”颁授仪式在人民大会堂举行，习近平总书记为“七一勋章”获得者颁授勋章，海南的王书茂获颁“七一勋章”。

全省两新组织“两优一先”表彰大会在海口召开。

中国移动海南文昌—香港春坎角海底光缆全线贯通。

三亚惠企政策综合服务平台（一期）正式上线。

30日

海南省营商环境问题受理平台上线。

三亚市司法行政党群服务中心揭牌启用。

是月

省政府办公厅印发《海南省“十四五”公共服务发展规划》。

2021年7月

1日

省委常委会（扩大）会议暨省委理论学习中心组学习（扩大）会议召开，传达学习习近平总书记在庆祝中国共产党成立100周年大会、“七一勋章”颁授仪式、中央政治局第三十一次集体学习时的重要讲话。

省委在海口召开海南省优秀共产党员、优秀党务工作者和先进基层党组织表彰大会，对150名优秀共产党员、100名优秀党务工作者和149个先进基层党组织进行表彰。

现职省级党员领导干部重温入党誓词暨新党员代表入党宣誓活动在中共琼崖一大会址举行。

《海南省重点监管海湾湾长名单》发布，省级总湾长由省委书记沈晓明、省长冯飞担任，省级副总湾长由副省长冯忠华担任。

2日

海南省庆祝中国共产党成立100周年座谈会在海口举行。

3日

海岛旅游资源数据挖掘与监测预警技术文化和旅游部重点实验室在三亚揭牌。

5日

中国热带农业科学院与联合国世界粮食计划署农村发展卓越中心在海口联合召开热带农业南南合作研讨会。（6日结束）

6日

隆平生物技术（海南）有限公司首批植物基因专利获得国家知识产权局授权。

7日

“小康不小康 关键看老乡”——海南脱贫攻坚成就云展馆上线。

8日

财政部、海关总署、税务总局、民航局发布《关于海南自由贸易港进出岛航班加注保税航油政策的通知》。

海关总署印发《海关对洋浦保税港区加工增值货物内销税收征管暂行办法》。

《关于做好海南省现代物流业创业创新人才落户工作的通知》发布。

海南省脱贫攻坚总结表彰暨乡村振兴推进大会在海口召开。

海南自由贸易港国际传播工作室在海口正式揭牌。

洋浦保税港区加工增值政策开始实施。

首家落户洋浦的QFLP（合格境外有限合伙人）基金在中国证券投资基金业协会完成备案。

海南银行发行海南自由贸易港首单绿色金融债5亿元。

9日

《中国体育旅游消费大数据报告（2021）》发布，三亚位居2021年体育旅游热门境内城市前10榜单第一名。

10日

海南正式开通跨境电商直购出口业务。

12日

省政府办公厅印发《海南邮轮港口中资方便旗邮轮海上游航线试点管理办法（试行）》。

13日

海南自由贸易港建设项目2021年度（第四批）集中开工仪式在

全省各地同步举行，本次集中开工项目共129个，总投资381亿元。

《洋浦保税港区加工增值货物内销税收征管海关实施暂行办法》发布。

14日

中共中央政治局常委、全国政协主席汪洋召开调研协商座谈会，听取台盟中央关于加快洋浦国际航运枢纽建设，加强海南自由贸易港封关运行的规范化保障等有关方面的建议。

三亚中央商务区党群服务中心揭牌成立。

2021年（第二届）世界研学旅游大会在海口召开。

15日

海南省以超常规手段打赢科技创新翻身仗动员部署会在海口召开。

16日

省委书记沈晓明同志到省政府综合服务热线12345管理中心，调研省营商环境问题受理平台运行和营商环境专席工作情况。

文化和旅游部、财政部公布第四批国家公共文化服务体系示范区（项目）名单，三亚为海南省唯一推荐市（县）被正式命名为第四批国家公共文化服务体系示范区。

《海南省人民政府关于推进气象事业高质量发展助力海南自由贸易港建设的意见》发布。

海南省对外经济合作交流促进会与菲律宾达沃市工商会线上签订战略合作协议。

17日

第十五届中国证券投资基金业年会暨资产管理高层论坛在海口举行。

“美好新海南·环岛欢乐行”2021年（第三届）海南环岛欢乐行万宁站暨海南六连岭革命纪念地国家AAA级旅游景区揭牌仪式在万宁举行。

18日

庆祝中国共产党成立100周年“基层党旗红”海南省主题摄影作品展在海南省博物馆开幕。

19日

省政府第79次常务会议召开，审议《2021年省政府开展“服务企业、服务项目、服务基层”实施方案》等文件。

20日

水利部在官网公布全国第四批节水型社会建设达标县（区）名单，海南省儋州市、文昌市、东方市、陵水黎族自治县入选。

21日

省政府办公厅印发《海南省属国资国企“十四五”发展规划》。

全国暨地方政协港澳台侨工作座谈会在海口召开。（22日结束）

22日

国家发展改革委地区经济司在三亚市召开海南自由贸易港重大项目建设总结推进会。（23日结束）

政府数字化转型交流会在海口召开。

23日

海南省学习习近平总书记在庆祝中国共产党成立100周年大会上的重要讲话精神座谈会在海口召开。

省委常委会召开（扩大）会议，审议通过《海南省贯彻落实国家自然资源督察海洋专项督察意见整改方案》等文件。

商务部印发《海南自由贸易港跨境服务贸易特别管理措施（负面清单）（2021年版）》。

海南自由贸易港加工增值内销税收征管政策落地实施。

海南环岛天然气管网工程全线投运，这是中国首个投运的环岛天然气管网。

香港海南社团总会海南联络办公室在海口揭牌。

25日

海口、琼中成为海南省首批省级森林城市。

26日

《海南自由贸易港“零关税”营运车辆管理实施细则（试行）》印发。

27日

海南省第六届人民代表大会常务委员会第二十九次会议通过《海南省人民代表大会常务委员会关于贯彻实施〈中华人民共和国海南自由贸易港法〉的决议》，以及《海南省人民代表大会常务委员会关于将旅行社设立审批等省级管理权限调整由海南自由贸易港重点园区管理机构在重点园区范围内实施的决定》等法规。

《海南省人民代表大会常务委员会关于海南省契税具体适用税率和免征减征办法的决定》发布。

交通运输部公布城乡交通运输一体化示范县名单，海南省东方市名列其中。

28日

海南省商事主体电子营业执照和电子印章系统面向全省企业和群众正式上线。

29日

省委办公厅出台《关于建立海南自由贸易港公职人员容错纠错、澄清正名和重新使用典型案例通报发布制度的实施办法（试行）》。

2021文旅国际峰会暨第十四届世界酒店论坛在海口举行。

31日

省政府办公厅印发《海南自由贸易港免税商品溯源管理暂行办法》。

是月

海南环岛旅游公路全线正式开工建设，主线路线988.2千米，沿线规划40个驿站。

首艘海南造“零关税”游艇“开拓2号”获发适航证书。

《关于建设海南自由贸易港海事特区的意见》印发。

2021年8月

1日

离岛免税商品溯源码管理实施。

2日

国务院印发《关于推进自由贸易试验区贸易投资便利化改革创新若干措施的通知》。

海南自贸港博鳌乐城全球特药险2021版正式上线发售。

海南5个乡村拟入选第三批全国乡村旅游重点村，3个乡镇拟入选第一批全国乡村旅游重点镇（乡）。

6日

海南自由贸易港QDLP（合格境内有限合伙人）境外投资首批试点企业名单公布。

9日

全国政协副主席梁振英来海南考察调研，并在海口作题为“香港在新时代中的功能和作用”的专题讲座。（10日结束）

海口海关即日起开展高级认证企业自助打印报关单工作。

新药康奈非尼被特许引进海南博鳌乐城国际医疗旅游先行区，国内首例用药患者获准“带药离园”。

10日

《海南自由贸易港境外人员参加税务师职业资格考试实施办法》

印发。

11日

省政府办公厅印发《海南省关于严格管控耕地“非粮化”稳定粮食生产的十条措施》。

12日

《中共海南省委关于坚持以党建引领海南自由贸易港建设的意见》印发。

《〈中华人民共和国海南自由贸易港法〉普法宣传实施方案》印发。

《海南省整体迁入高新技术企业奖励细则》印发。

13日

由海南国际经济发展局设立的企业服务投诉平台上线。

16日

省政府印发《海南自由贸易港深化“证照分离”改革进一步激发市场主体发展活力实施方案》。

执行天舟三号飞行任务的长征七号遥四运载火箭安全运抵文昌航天发射场。

《海南省人民政府办公厅关于成立海南省药品安全委员会的通知》印发。

17日

国家发展改革委印发《“十四五”推进西部陆海新通道高质量

建设实施方案》。

《海南省“十四五”期间享受进口税收政策社会研发机构名单核定实施办法》发布。

2021年全省总河湖长会议在海口召开。

首艘国内建造大型民用水下观光船——塔沃全潜式观光船在三亚崖州湾科技城揭幕。

海南省标准化专家库吸纳首批省外专家13人。

18日

海南自由贸易港首架“零关税”进口直升机交付运营，标志海南自由贸易港“零关税”进口商品实现海陆空全覆盖。

19日

省委常委会召开（扩大）会议，传达学习习近平总书记在中央政治局会议上关于上半年经济形势和下半年经济工作的重要讲话精神。

海南自贸港招商联席会议扩大会议暨全省招商引资工作电视电话会议在海口召开。

20日

海南省商务厅与泰国商业部国际贸易促进厅举行贸易合作谅解备忘录线上签订仪式。

海南省政府与上海证券交易所通过视频方式签订战略合作备忘录。

海南自由贸易港2021年（第四批）重点项目集中签约活动暨重点产业园区投资合作大会在海口举行。

23日

《海南省协助做好中央驻琼企业党建工作实施办法（试行）》印发。

海南省政府与山东能源集团有限公司在海口签订全面战略合作协议。

《学习时报》在头版刊发海南省省长冯飞署名文章《以高水平对外开放推动海南自由贸易港高质量发展》。

海南共有17个科研单位获得国家自然科学基金项目立项263项，资助经费9684.3万元，均创历史新高。

24日

“36天罡星群”遥感低轨小卫星与地面物联网监测预警项目落地文昌国际航天城。

25日

中共中央政治局常委、国务院副总理、推进海南全面深化改革开放领导小组组长韩正主持召开推进海南全面深化改革开放领导小组专题会议，总结海南自由贸易港建设工作，审议有关政策文件，研究部署下一步重点工作。胡春华、何立峰出席会议。

省政府办公厅印发《海南自由贸易港跨境服务贸易负面清单管理办法（试行）》。

26日

《交通运输部关于海南省开展环岛旅游公路创新发展等交通强国建设试点工作的意见》公布，海南省获准试点交通强国建设。

全国首张跨境服务贸易负面清单施行。

27日

海口复兴城互联网信息产业园成为第二批公示的全国16个国家文化出口基地之一，系海南首家通过认定的园区。

人力资源和社会保障部函复海南省政府，同意建设中国海南人力资源服务产业园，设立两个分园（海口分园、三亚分园），同意建设中国三亚旅游人才市场。

30日

省政府第82次常务会议召开，审议《关于新时代支持琼崖革命老区振兴发展的实施意见》等文件。

《人民日报》刊发文章《海南保护天然底色，推动绿色发展 碧海蓝天 擦亮生态名片》。

31日

省委深改委暨自贸港工委会议召开，传达学习中央全面深化改革委员会第二十一次会议精神和推进海南全面深化改革开放领导小组专题会议精神，研究部署海南省贯彻落实意见。

是月

海南国际贸易“单一窗口”上线出口退税（金三版）功能。

2021年9月

1日

海南省工商联（总商会）小微企业工作委员会在海口正式成立。

“翰墨建党颂百年 丹青绘美丽海南——庆祝中国共产党成立100周年书画邀请展”活动在省博物馆举办。

2日

市场监管总局正式批准海南省建设“热带果蔬质量与安全”国家市场监管重点实验室和“降解材料质量安全评价与研究”国家市场监管重点实验室，建设周期均为两年。这两个实验室均为国内此类型唯一的重点实验室。

海南省组团参加在北京开幕的2021年中国国际服务贸易交易会。

《人民日报》刊发文章《自贸港 释放更强发展动力》。

4日

科技部与海南省政府在三亚举行2021年工作会商会议。科技部部长王志刚主持召开种业创新座谈会。

2021年第五届海南亲水运动季在海口市国家帆船帆板基地公共码头开幕。

5日

2021年“创客中国”海南省中小企业创新创业大赛决赛在海口举行。

海南省“爱助事实孤儿项目”获“中华慈善奖”。

6日

全省党建引领自由贸易港建设推进会在海口召开。

中国首个自营超深水大气田——“深海一号”大气田在海南陵

水海域实现全面投产。

7日

全国人大常委会法制工作委员会三亚崖州湾科技城管理局基层立法联系点正式挂牌。

8日

全国政法队伍教育整顿中央第十一督导组进驻海南见面沟通会在海口召开。

海南国际仲裁院国际贸易调解/仲裁中心在海口揭牌成立。

9日

海南七部委联合印发《关于金融支持海南省巩固拓展脱贫攻坚成果 全面推进乡村振兴的实施意见》。

11日

省政府办公厅印发《外籍邮轮在海南自由贸易港开展多点挂靠业务管理办法》。

“回首百年奋斗史 继往开来新征程——庆祝中国共产党成立100周年中国人民大学校友书画作品展”在省博物馆开展。

12日

“博鳌企业家全球化峰会”项目落户琼海。

13日

“营商环境看海南”中央媒体自贸港行活动在海口启动。

《人民日报》头版刊登报道《海南自贸港建设政策落实落细 各

类市场主体和要素资源加速集聚》。

首单保税维修再制造货物运抵洋浦保税港区。

14日

具有世界领先水平的5000吨级海事巡航救助船“海巡03”轮成功出坞。

海南自由贸易港允许外籍邮轮开展多点挂靠业务。

15日

省委办公厅、省政府办公厅联合印发《进一步做实做强省优化营商环境工作专班方案》。

《国务院关于同意在全面深化服务贸易创新发展试点地区暂时调整实施有关行政法规和国务院文件规定的批复》发布，同意在海南等全面深化服务贸易创新发展试点地区暂时调整实施有关行政法规和国务院文件规定。

《进一步优化监管服务支持海南博鳌乐城国际医疗旅游先行区高质量发展若干措施》印发。

16日

2021世界新能源汽车大会在海口举行。中共中央政治局常委、国务院副总理韩正发表视频致辞。全国政协副主席、中国科学技术协会主席万钢作主旨演讲。

17日

2021世界新能源汽车大会之“智能网联赋能新能源汽车发展”主论坛在海口举行，《2021世界新能源汽车大会共识》正式发布。

2021（第十五届）基础油产业国际高峰论坛在洋浦经济开发区举行。

省政府印发《海南自由贸易港国际客船、国际散装液体危险品船经营管理办法》。

19日

2021文昌国际航空航天论坛在海口开幕。

2021年海南省“全国科普日”活动启动仪式暨科普主题展在海口热带农业科技博览园拉开帷幕。

海南省乡村振兴促进会服务中心在海口成立。

20日

搭载天舟三号货运飞船的长征七号遥四运载火箭在文昌航天发射场成功发射。

22日

全国政协副主席张庆黎率专题调研组就“坚持扩大内需战略基点，构建新发展格局”来海南开展调研。（25日结束）

省委办公厅、省政府办公厅联合印发《关于进一步深化综合行政执法体制改革的指导意见（试行）》。

海南省2022年版“惠琼保”正式推出。

23日

农业农村部等13个部门联合印发《国家热带农业科学中心建设规划（2021—2035年）》。

海南省“海南长臂猿全方位保育”等三项目成功入选“生物多

样性100+全球典型案例”名单。

海南省首个保税物流中心——三亚市保税物流中心（B型）顺利通过验收。

24日

海南舞蹈诗《锦绣家园》获评第六届全国少数民族文艺汇演最佳剧目奖。

25日

全国人大常委会副委员长武维华率全国人大常委会专题调研组来海南，围绕加强种质资源保护和育种创新情况开展专题调研。（27日结束）

第二届海南自贸港高新技术产业专场招商推介会在北京举行。

2021年琼粤港澳美食文化交流系列活动在海口举办。（27日结束）

26日

《关于允许外籍人员参加全国注册验船师职业资格考试的公告》发布。

中国农业科学院在三亚启动实施“强种科技行动”。

海南省林业科学研究院正式对外发布海南热带雨林国家公园体制试点区生态系统生产总值（GEP）核算成果。

27日

《海南国际设计岛示范基地管理办法（试行）》印发。

海南康养旅游智库在海口揭牌成立。

28日

省政府办公厅印发《海南自由贸易港外国船舶检验机构入级检验监督管理办法》。

29日

海南省第六届人民代表大会常务委员会第三十次会议通过《海南自由贸易港优化营商环境条例》《海南自由贸易港反消费欺诈规定》《海南自由贸易港公平竞争条例》《海南自由贸易港社会信用条例》等法规。

省委印发《法治海南建设规划（2021—2025年）》《海南省法治社会建设实施方案（2021—2025年）》，省委、省政府转发《省委宣传部、省司法厅关于开展法治宣传教育的第八个五年规划（2021—2025年）》。

海南省庆祝中华人民共和国成立72周年招待会在海口举行。

2021国际调解高峰论坛在海口开幕。

2021南海数字文化产业创新峰会在海口举行。

30日

《国务院关于同意设立海南热带雨林国家公园的批复》发布。

省委、省政府印发《海南省法治政府建设实施方案（2021—2025年）》。

海南省向英雄烈士敬献花篮暨烈士光荣证颁授仪式在海口市金牛岭解放海南岛战役烈士陵园举行。

2021年10月

5日

2021年全国五子棋锦标赛开幕仪式在海口举行。

8日

“奋斗者”号完成首次常规科考应用。

9日

首家种业央企中国种子集团有限公司总部落户三亚崖州湾科技城。

11日

海南陵水黎安国际教育创新试验区正式开学。

海南省首届高层次人才服务联络员技能大赛决赛举行。

中国首个由政府主导设立服务塞尔维亚企业的机构——塞尔维亚（三亚）国际商务服务点揭牌。

12日

国家主席习近平在《生物多样性公约》第十五次缔约方大会领导人峰会上宣布，中国正式设立第一批5个国家公园，海南热带雨林国家公园位列其中。

省政府办公厅印发《关于进一步支持共享农庄发展的十一条措施》。

三亚国际种业科创中心在三亚崖州湾科技城成立。

14日

白沙黎族自治县被生态环境部评为“绿水青山就是金山银山”实践创新基地。

三沙甘泉岛遗址保护利用设施、白沙陨石坑国家地质公园保护展示设施、昌江棋子湾国家海洋公园保护展示设施、老爷海国家级海洋公园保护展示设施、昌江石碌国家地质公园保护展示设施、临高解放公园旅游基础设施、红色娘子军纪念园景区旅游基础设施被列入“十四五”文化保护传承利用工程项目储备库。

16日

中国中医药陨石与健康发展高层论坛暨海南陨石与生命健康研究中心成立大会在海口举行。

第八届全国大学筹资学术研讨会在海口举行。(17日结束)

17日

三亚在首届健康中国促进行动暨年底指数发布大会上获评“健康中国年度标志城市”。

18日

省政府办公厅印发《海南省政务服务“零跑动”改革实施方案》。

19日

2021年全国大众创业万众创新活动周海南省系列活动在海口开启。

20日

海关总署印发《海南自由贸易港口岸布局方案》。

海口启用电子驾驶证。

海南18家单位入选互联网新闻信息稿源单位名单。

海南2案例入选“2021世界旅游联盟——旅游助力乡村振兴案例”。

22日

《海南省企业技术中心认定管理办法》出台。

海南首辆“零关税”营运进口汽车在海口市登记上牌。

23日

第六届全国大学生人力资源管理知识技能竞赛（精创教育杯）暨高峰论坛在海口开幕。

24日

由人力资源和社会保障部、海南省政府共同主办的2021年海南自由贸易港招才引智活动启动仪式在海口举行。

2021年海南自由贸易港招才引智活动在海口举行。

26日

海南省贸促会与云南省贸促会签订《中国—南亚东南亚商事法律合作备忘录》。

海南杂交水稻双季亩产达1586.86千克，实现袁隆平院士双季亩产1500千克攻关目标。

28日

海南首个药械创新服务站在海口国家高新区揭牌成立。

全省沿海地区64个反走私综合执法站全面正式运行。

29日

省政府办公厅印发《海南省贯彻落实〈保障农民工工资支付条例〉的实施意见》。

海南自由贸易港知识产权法院三亚崖州湾科技城知识产权特区审判庭挂牌。

全国第十一届残疾人运动会暨第八届特殊奥林匹克运动会在陕西省闭幕，海南选手获25金34银28铜。

全球“大医生”癌症诊疗平台落地博鳌乐城国际医疗旅游先行区。

30日

第87次中国改革国际论坛在海口开幕。

2021年海峡两岸休闲农业发展（海南）研讨会在海口召开。

是月

海南岛首次发现岸上珊瑚礁遗迹。

2021年11月

1日

海南自由贸易港法治建设论坛在海口举行。

2日

海南省委书记沈晓明到海南自由贸易港北京前方工作组调研。

2021年全国热带作物学术年会在澄迈县召开。（5日结束）

海南琼中抽水蓄能电站被水利部授予“2021年度国家水土保持示范工程”称号。

3日

省长冯飞出席省优化营商环境工作专班办公室新址揭牌仪式，并召开企业家座谈会。

4日

国家主席习近平在第四届中国国际进口博览会开幕式上发表题为《让开放的春风温暖世界》的主旨演讲指出，“海南自由贸易港跨境服务贸易负面清单已经出台”“中国将在自由贸易试验区和海南自由贸易港做好高水平开放压力测试”。

海南铺前大桥、海南省琼中至乐东高速公路两工程获2020—2021年度（第二批）公路交通优质工程奖。

8日

国务院第八次大督查发现的48项典型经验做法发布，洋浦经济开发区深化制度集成创新打造海南自由贸易港建设“样板间”的经验做法被列入其中。

海关总署印发《关于洋浦保税港区“一线放开、二线管住”进出口管理政策制度扩大试点的函》。

省政府办公厅印发《海南省社会保障卡一卡通管理办法》。

海南自由贸易港首批旅游业“零关税”自用生产设备在洋浦港

海关通关放行。

10日

海南省首家农村产权交易平台上线。

11日

海南—乌拉圭友城企业线上交流会在海口召开。

乐东民利种植养殖专业合作社“坚持守正创新 打造产业致富新模式”的做法入选全国农民合作社典型案例。

12日

2021第五届海南国际健康产业博览会在海口举办。（14日结束）

全球首款吸入式腺病毒载体新冠疫苗克威莎亮相第五届海南国际健康产业博览会。

“琼中女足”商标通过国家商标局批准注册成功。

15日

中国共产党海南省第七届委员会第十一次全体会议在海口召开，审议通过《关于召开中国共产党海南省第八次代表大会的决议》。（16日结束）

《国务院办公厅关于对国务院第八次大督查发现的典型经验做法给予表扬的通报》发布，海南以“机器管规划”赋能国土空间智慧治理等3项典型经验做法入选。

《三亚中央商务区关于支持开展私募股权二级市场交易的若干措施》发布。

“乡村振兴看海南”央媒自贸港行活动在海口开幕。

海口市美兰区演丰镇演东村、琼海市博鳌镇莫村、白沙黎族自治县牙叉镇对俄村、昌江黎族自治县王下乡大炎村入选“2021年中国美丽休闲乡村”。

18日

省委、省政府公布第二届“海南省改革和制度创新奖”14个项目。

省政府办公厅发布《海南自由贸易港种子进出口生产经营许可管理办法》。

琼港经济合作发展咨询委员会成立暨聘任仪式在海口举行。

海南省旅游投资创新孵化基地在海口揭牌成立。

海南3家单位获评“全国文化和旅游系统先进集体”称号、6人获评“全国文化和旅游系统先进工作者”。

19日

《关于促进海南跨境电商合规经营健康发展的指导意见》发布。

《最高人民检察院关于充分履行检察职能服务保障海南自由贸易港建设的意见》发布。

2021海南互联网大会在海口举办。

海南首家企业退役军人服务站——三亚大小洞天退役军人服务站揭牌成立。

海南通过全国消除麻风病危害规划（2011—2020年）终期评估，实现海南消除麻风病危害规划目标。

20日

中国首座沿海LNG船舶加注站正式投运。

第五届中国人工智能与大数据海南高峰论坛在海口举行。

22日

汇丰银行（中国）有限公司海口分行获批开业，成为海南自贸港建设以来首家外资银行机构。

23日

《海南省维护新就业形态劳动者劳动保障权益实施办法》印发。

2021沪琼科技成果对接交流会在三亚举行。

驻琼台商台青代表人士省情考察活动在琼海启动。

24日

《外国机构在海南自由贸易港独立举办或合作主办涉外经济技术展管理暂行办法》发布。

25日

省委出台《中共海南省委关于全面加强新时代少先队工作的实施意见》。

省政府办公厅发布《关于实施“万泉河金融畅通工程”的通知》。

中国（海南）—波兰经贸合作线上线下研讨会在海口举行。

2021海南自由贸易港日本企业广州专场推介会在广州举行。

26日

学习贯彻党的十九届六中全会精神中央宣讲团来海南宣讲。

新华社在“六中全会精神在基层”系列报道中，以《自贸港“样板间”有看头》为题对洋浦保税港区进行了深入报道。

28日

“2021年自贸港金融论坛”在海口举办。

29日

海南6所学校入选首批201所全国学校急救教育试点学校名单。

海口空港综合保税区“提前适用”政策在海南首次落地实施。

30日

国家发展和改革委员会发布文章《海南：自贸港政策红利不断释放 外向型经济发展步伐加快》。

第八届海南省道德模范表彰活动在海口举行。

2020年度海南省科学技术奖发布，47项成果获奖。

海南省南渡江迈湾、北门江天角潭水利枢纽工程两项目全面转入大坝主体施工阶段。

2021年12月

1日

海关总署公布，自当日起，海南自由贸易港洋浦保税港区先行先试的“一线放开、二线管住”进出口管理制度，将扩大到海口综合保税区、海口空港综合保税区试点。

省政府发布《关于支持产业项目发展规划和用地保障的意见》。

全国试点的首例门诊慢特病费用跨省直接结算在海南实现。

美兰机场跨境电商“9710”出口业务正式开通。

海南省第六届人民代表大会常务委员会第三十一次会议通过

《海南自由贸易港征收征用条例》等一批涉及经济社会发展的地方性法规。

2日

国家发展改革委发布文章《海南："三个强化"促进重点园区产业集聚》。

海南自由贸易港体育旅游招商推介会在海口举行。

第十五届生物医学光子学与成像技术国际学术研讨会（PIBM 2021）在海南大学国际学术交流中心顺利召开。

3日

海南省科学技术奖励大会在海口召开。

2021年首届中国（海南）体育用品和装备进口博览会在海南国际会展中心开幕。

4日

省政府办公厅印发《海南省促进经济高质量发展若干财政措施的通知》。

海南自贸港首单跨境船舶租赁业务落地。

5日

"探索一号"完成任务返回三亚南山港。

第十二届中国曲艺牡丹奖选拔赛暨第四届海南省曲艺大赛颁奖晚会在海口举行。

"中国最美公路"榜单公布，海南环岛公路位列东部滨海区域最美公路第二名。

6日

省政府公布实施《文昌国际航天城管理局设立和运行管理规定（修订）》。

第三十二届夏季奥运会、第十四届全运会海南省总结大会在海口举行。

7日

三亚市崖州区入选2021年农业现代化示范区创建名单。

海南率先完成全国碳市场第一个履约周期配额清缴。

海口江东新区在海南省率先完成自贸港跨境电商B2B两种模式的出口监管试点业务。

8日

海南首家互联网公立医院——海南省妇女儿童医学中心正式获批成立。

全球动植物种质资源引进中转基地首单豆科作物种子进境业务在三亚崖州湾完成。

省政府办公厅发布《海南自由贸易港营商环境重要量化指标赶超国内一流实施方案（1.0版）》。

9日

海南公共外交协会成立大会在海口召开。

加工增值内销税收征管政策扩大试点在海口综合保税区首单落地。

海口美兰国际机场二期正式投入运营。

国务院印发《“十四五”现代综合交通运输体系发展规划》。

10日

中共中央政治局常委、国务院副总理、推进海南全面深化改革开放领导小组组长韩正在北京主持召开推进海南全面深化改革开放领导小组全体会议，认真学习贯彻党的十九届六中全会和中央经济工作会议精神，总结2021年推进海南全面深化改革开放工作，研究部署2022年重点工作。胡春华、何立峰出席会议。

2021年（第二十二届）海南国际旅游岛欢乐节在海口世纪公园正式开幕。

11日

省政府办公厅印发《海南省创建国家区块链试验区实施方案》。

“中国—东盟高级别智库论坛”在北京和海口以线上线下相结合的方式举行。

12日

国务院发布《关于印发“十四五”数字经济发展规划的通知》。

13日

全球动植物种质资源引进中转基地开展的首单豆科作物种子进境业务完成。

海口综合保税区实现“径予放行”扩大试点首单落地。

14日

海南省委人才工作会议在海口召开。

省政府办公厅发布《海南自由贸易港船舶保税油经营管理暂行办法》。

海南铺前大桥获2020至2021年度第二批中国建设工程鲁班奖。

15日

省政府办公厅发布《海南自由贸易港建设投资基金管理办法》。

海南省政府与国家中医药管理局在海口签订关于促进中医药在海南自由贸易港传承创新发展合作协议。

农业农村部在海口为首批"中非现代农业技术交流示范和培训联合中心"授牌。

洋浦保税港区卡口管理"一票多车便捷通关模式"业务正式落地。

2021美丽乡村博鳌国际峰会暨中国乡村智慧康养产业发展论坛在琼海博鳌亚洲论坛国际会议中心开幕。

16日

海南省政府与英中贸易协会视频对话会通过线上、线下方式举行。

2021年中国（海南）国际热带农产品冬季交易会在海南国际会展中心举行。

海南能源项目首单"零关税"进口自用生产设备通关 。

20日

国务院发展研究中心来海南开展海南自由贸易港建设2021年年度评估调研工作。（27日结束）

21日

国务院办公厅发布《关于印发要素市场化配置综合改革试点总体方案的通知》。

22日

中国人民政治协商会议三亚市吉阳区委员会、海棠区委员会、天涯区委员会、崖州区委员会分别举行挂牌仪式。（23日结束）

海南省重点规划项目——海南富力海洋欢乐世界开园。

海南省游艇旅游协会成立大会在海口市举行。

23日

海南省女子足球队成立暨中国足球协会女足青训中心（琼中）揭牌仪式在琼中举行。

中国在文昌发射场用长征七号改运载火箭，成功将试验十二号卫星01星、02星发射升空。

“海易兑”海南惠企政策兑现服务系统上线运行。

24日

财政部、海关总署、税务总局发布《关于调整海南自由贸易港原辅料“零关税”政策的通知》。

2021首届海南自贸港环保联合论坛在海口市举行。

2021中国（海南）国际海洋产业博览会在海南国际会展中心开幕。

商务部等六部委联合印发《关于在海南自由贸易港试点放宽进出口货物管理措施的通知》。

国家发展改革委发布文章《海南：抓好时代机遇 推动高新技术产业实现跨越发展》。

27日

国务院联防联控机制第九督查组进驻海南，开展2022年元旦、春节期间疫情防控综合督查。

省政府办公厅出台《关于海南省构建网格化紧密型医疗卫生服务体系的实施意见》。

中央网信办通报表扬“走好网上群众路线百个成绩突出账号”，“海南自由贸易港微信公众号”入选表彰名单。

28日

国家药监局和海南省政府召开2021年临床真实世界数据应用试点工作领导小组视频会。

海南工会职工医疗互助一站式服务平台上线启动仪式在海口举行。

海南省公共数据资源开发利用试点成果发布暨数据产品超市上线仪式在海口市举行。

29日

海南省政府与中国南方电网有限责任公司在海口签署“十四五”深化战略合作协议。

“感动海南”2020—2021十大年度人物颁奖典礼在海南广播电视总台举行。

30日

海南省第六届人民代表大会常务委员会第三十二次会议通过《海南自由贸易港洋浦经济开发区条例》等法规、《海南省人民代表大会常务委员会关于批准在观澜湖旅游园区、三亚海棠湾国家海岸休闲园区推广适用“三园”特别极简审批的决定》等文件。

海关总署发布《关于扩大洋浦保税港区政策制度适用范围的

公告》。

海南自由贸易港邮轮游艇产业招商推介会在海口举行。

海南国际清算所在三亚揭牌。

南繁种业创新与产业发展推进会暨院士技术创新中心揭牌仪式在三亚举办。

31日

《公立医院在琼海博鳌乐城国际医疗旅游先行区特许经营管理暂行办法》发布。

海南自由贸易港知识产权法院举行签约揭牌仪式。

2021年海南货物贸易进出口总值1476.8亿元，是海南外贸历史上单个自然年内首次突破千亿元。

是月

海南根服务器镜像节点和国家顶级域名节点建设正式验收投入使用。

大事记

2022年

2022年1月

1日

《海南自由贸易港科技开放创新若干规定》施行。

中国（海南）自由贸易试验区反垄断委员会更名为海南自由贸易港公平竞争委员会。

《区域全面经济伙伴关系协定》（RCEP）正式生效实施。海南首份RCEP原产地证书在海口签发。

3日

2022海南岛春季国际艺术展在海口世纪公园开幕。

4日

国家外汇管理局发布关于开展跨境贸易投资高水平开放试点的消息，决定在洋浦经济开发区等区域开展跨境贸易投资高水平开放试点。

全省“六水共治”攻坚战动员部署会在文昌召开，提出将系统推进治污水、保供水、防洪水、排涝水、抓节水、优海水“六水共治”，保护好海南岛的“肾脏”。

海南省政府与同济大学在海口签订合作协议。

5日

全省党史学习教育总结大会在海口召开。

6日

海南自由贸易港建设项目2022年度（第一批）集中开工活动在全省各市县同步举行，本次集中开工项目142个，总投资373亿元。

7日

省委常委会召开会议，传达学习习近平总书记在中央政治局常委会会议上关于“三农”工作的重要讲话精神和中央农村工作会议精神，研究海南省贯彻意见。

海南自由贸易港形象标识新闻发布会在海口召开，正式对外发布海南自由贸易港形象标识“启航”。

2022世界珠宝发展大会暨海南国际珠宝展在海南国际会展中心开幕。

8日

省政府印发《海南省落实〈区域全面经济伙伴关系协定〉（RCEP）20条行动方案》。

2022年海南自贸港大讲堂第一场在海口举行。

11日

海南首批免税造浪艇在三亚交付使用。

12日

琼港经济合作发展示范园区联合工作机制第一次工作会议在海口、香港两地通过视频连线方式举行。

13日

2021年度党风廉政建设和反腐败工作情况通报座谈会召开。

海南省首张租赁游艇符合证明和入级证书签发。

16日

“实践者说”中组部选派来海南挂职干部第22期工作学习交流活动在海口举行。

17日

省委常委会召开会议，传达学习习近平总书记在省部级主要领导干部学习贯彻党的十九届六中全会精神专题研讨班开班式上的重要讲话精神。

19日

省委书记沈晓明到省优化营商环境工作专班调研。省长、省优化营商环境工作专班组长冯飞参加调研。

20日

中国人民政治协商会议第七届海南省委员会第五次会议在海口开幕，会议围绕海南经济社会发展重大问题，积极资政建言、共谋良策，为推进海南全面深化改革开放和中国特色自由贸易港建设贡献智慧和力量。（23日闭幕）

21日

海南省第六届人民代表大会第五次会议在省人大会堂开幕。大会主席团常务主席、本次会议执行主席沈晓明主持大会。省长冯飞代表省政府向大会作政府工作报告。（24日闭幕）

海南自贸港原辅料“零关税”增补清单首票商品完成通关。

23日

RCEP区域发展媒体智库圆桌论坛以线上线下相结合的方式在海口召开。

24日

省委书记沈晓明在海南省第六届人民代表大会第五次会议上发表题为《乘势而上 拼搏实干 蹄疾步稳推进海南自由贸易港建设》的讲话。

25日

省政府印发《关于设立海南国际知识产权交易所的批复》。

26日

2022（首届）海南自贸港国际美术展在省博物馆开幕。

大型音乐舞蹈史诗《解放海南岛》亮相“相约北京”国际艺术节。

27日

省纪委七届六次全会在海口召开，会上审议通过省纪委常委会所作的《扎实推进清廉自贸港建设，迎接党的二十大胜利召开》工作报告。

省委农村工作会议召开，传达贯彻中央农村工作会议精神，部署2022年全省“三农”工作。

《洋浦经济开发区开展跨境贸易投资高水平开放外汇管理改革试点实施细则》发布。

28日

中国海南国际文物艺术品交易中心在三亚揭牌成立。

2022年2月

7日

全省作风整顿建设年活动总结暨能力提升建设年活动动员部署会在海口召开。

8日

省委深改委暨自贸港工委会议召开，强调要深入贯彻落实习近平总书记关于海南工作的系列讲话和重要指示批示精神，开展高水平开放压力测试，提高制度集成创新能级，蹄疾步稳推进海南自由贸易港建设。

9日

中国（三亚）知识产权保护中心通过国家知识产权局验收，正式投入运行。

《海南自由贸易港科技开放创新若干规定》政策解读新闻发布会召开。

教育部、财政部、国家发展改革委公布第二轮“双一流”建设高校及建设学科名单，海南大学作物学学科入选。

10日

海南自由贸易港全岛封关运作准备工作启动会召开，全岛封关运作准备工作全面启动。

国务院安委会督导检查海南省安全生产工作汇报会在海口举行。

海南省2021年度市县、省直党（工）委书记抓基层党建工作述职评议会召开。

全省政法队伍教育整顿总结会在海口召开。

11日

省委宣传思想工作领导小组召开会议，强调要深入学习贯彻习近平总书记关于宣传思想工作的重要论述精神，为党的二十大和省第八次党代会胜利召开营造团结奋进的舆论氛围。

2022年海南省“春风行动”启动仪式暨现场招聘活动在海口举行。

12日

国家“南繁硅谷”建设工作座谈会在三亚召开。

14日

财政部、海关总署、税务总局联合公布《关于调整海南自由贸易港自用生产设备“零关税”政策的通知》。

第十二届全国少数民族传统体育运动会动员大会在海口召开。

16日

文昌市获评2021年度“全国健康促进县（区）”。

17日

中宣部在北京举行“奋进新征程 建功新时代”大型主题采访

活动启动仪式，海南设分会场。

18日

科技部批复同意国家技术转移海南中心建设方案。

海南将在农业农村部的支持下设立全国首个农业植物新品种审查协作中心。

海南省财金集团有限公司、海南自由贸易港建设投资基金在海口揭牌。

海南自由贸易港数字医疗健康生态大会在海南生态软件园召开。

22日

省委办公厅、省政府办公厅印发《海南省推进知识产权强省建设强化知识产权保护和运用的实施意见》。

海南自贸港首笔资本项目数字化服务试点业务成功落地。

23日

国务委员王勇率队来海南专题调研市场监管工作。（24日结束）

海南国际蓝碳研究中心在海口揭牌。

海口湛江反走私区域协作会议在海口市公安局召开，会上两地签署《湛江海口两地反走私合作机制协议》。

“海南省三亚市：加强耕地资源保护利用 夯实南繁硅谷绿色发展基础”案例入选2021年全国农业绿色发展典型案例名单。

25日

海南省治水工作领导小组办公室（省治水办）挂牌成立。

中国（三亚）跨境电子商务综合试验区首单跨境电商1210业务（海关跨境电商保税业务）开通。

26日

省政府发布《海南省创新型省份建设实施方案》。

27日

长征八号遥二运载火箭搭载包括海南一号01和02星、文昌一号01和02星在内的22颗卫星成功发射。

28日

全球首艘LNG双燃料动力超大型原油轮入籍“中国洋浦港”。

是月

国家发展改革委、商务部、海关总署印发《关于支持洋浦经济开发区加快建设的若干政策措施》。

2022年3月

1日

海南省优化营商环境工作专班发布推广第一批优化营商环境示范案例的通知。

5日

国务院总理李克强在2022年政府工作报告中指出，过去一年，成功举办进博会、广交会、服贸会及首届消博会等重大展会。新增4个服务业扩大开放综合试点，推出海南自由贸易港开放新举措。今年将扎实推进自贸试验区、海南自由贸易港建设。

9日

2022年中日减污降碳与氢能发展论坛在海口举办。

10日

《关于在园区实行“飞地经济”政策的实施意见（试行）》印发。

海南首批本土生产的高端石化新材料聚碳酸酯（PC）销往岛外。

12日

省政府办公厅印发《海南自由贸易港营商环境评价工作方案》。

13日

第二届中国国际消费品博览会倒计时30天暨“消博号”首航仪式在海口美兰国际机场举行。

14日

海南省国资委成为美兰机场实际控制人，美兰机场成为国资子企业。

海南首座半潜式深远海智能养殖旅游平台在广州市签字交付。

海南自贸港自用生产设备“零关税”政策升级后首票业务落地。

15日

国家射箭队2022年杭州亚运会选拔赛在海口观澜湖开弓。

海南省深海技术创新中心在三亚揭牌。

16日

国家耐盐碱水稻技术创新中心在三亚挂牌。

17日

省委常委会召开会议，传达学习习近平总书记关于老龄工作重要指示批示精神和全国老龄工作会议精神，研究全省老龄和生态环境保护等工作。

洋浦经济开发区海关签发首份RCEP原产地证书。

18日

《海南省贯彻实施〈中华人民共和国海南自由贸易港法〉配套法规专项规划（2021—2025）》印发。

省政府印发《海南省"2+3"健康服务包实施方案》。

海南自由贸易港建设项目2022年度（第二批）集中开工活动在各市县同步举行，本次集中开工项目93个，总投资约269亿元。

海南国际碳排放权交易中心获批设立。

20日

《人民日报》头版刊发文章《细化制度设计 优化营商环境 海南扎实推进自贸港建设》。

24日

省政府办公厅印发《关于改革完善省级财政科研经费管理的若干措施》。

海南首座深远海智能养殖旅游平台"普盛海洋牧场1号"投用。

25日

海南省第六届人民代表大会常务委员会第三十五次会议决定废止《海南省各级国家机关、事业单位机构设置和编制管理条例》

《海南省城镇从业人员基本养老保险条例》《海南省人民代表大会常务委员会关于批准海南生态省建设规划纲要的决定》和《海南省人民代表大会常务委员会关于批准〈海南生态省建设规划纲要（2005年修编）〉的决定》4项法规和法规性决定。

首批5家海南国际设计岛示范基地揭牌。

28日

海南首家RCEP项下经核准出口商获海关认定。

澄迈县入选住建部、财政部公布的2022年全国传统村落集中连片保护利用示范县（市、区）名单。

30日

中国首个智能深海油气保障仓储中心在海南投用。

海南自贸港船舶保税油经营牌照首单业务落地。

31日

《人民日报》（海外版）刊发文章《国家公园建设的“海南样本”》。

2022年4月

2日

海南自贸港建设重点项目大唐万宁燃气电厂2号机组正式投入商业运行。

3日

海南省支援上海抗击新冠疫情医疗队从海口美兰国际机场飞赴上海。

7日

海南建省以来首次官方发布英文版政府工作报告。

8日

海南自由贸易港2022年重点项目签约活动举行，签约重点项目43个，协议投资金额约145亿元。（12日结束）

9日

新华社刊发文章《海南自贸港：争取封关运作前自贸港政策总体实施率超80%》。

10日

中共中央总书记、国家主席、中央军委主席习近平先后来到三亚、五指山、儋州等地，深入科研单位、国家公园、黎族村寨、港口码头等进行调研，强调要解放思想、开拓创新，团结奋斗、攻坚克难，加快建设具有世界影响力的中国特色自由贸易港，让海南成为新时代中国改革开放的示范。（13日结束）

11日

海南省“能力提升建设年”活动领导小组办公室发布省级“揭榜挂帅”第一批榜单，共8个项目。

《关于进一步推进垦地融合发展的若干措施》印发。

12日

中国热带农业科学院兴隆热带植物园等海南省11家基地入选2021—2025年全国科普教育基地第一批认定名单。

海南热带雨林国家公园管理局霸王岭分局宣布：海南长臂猿D群有1只婴猿出生，这一全球最稀有的灵长类动物种群数量恢复至5群36只。

13日

《2022海南自由贸易港投资指南》发布。

15日

省委深改委暨自贸港工委会议召开，审议通过《全岛封关运作前自贸港政策逐步足额落地压力测试项目清单》等文件。

16日

海南首次通过海底联网线向广东省进行电力应急支援，日均送电量100万千瓦·时。（至17日）

17日

三永公路项目控制性工程——南渡江大桥主墩顺利合龙，南渡江大桥主体工程完成。

海南单体容量最大的光储项目——大唐文昌翁田集中式光伏基地100兆瓦农光互补+储能示范项目建成投产发电。

19日

“15—19世纪世界航海文物展”在中国（海南）南海博物馆开

展，展出200余件（套）世界航海文物。

海口市南渡江引水工程通过竣工验收。

20日

博鳌亚洲论坛2022年年会在琼海博鳌举行，主题是“疫情与世界：共促全球发展，构建共同未来”。来自42个国家和地区的600多名线下代表，以及近400名线上代表参会。(22日结束)

海南省海口市秀英区、三亚市吉阳区、洋浦经济开发区3地入选教育部公布全国义务教育优质均衡先行创建县（市、区、旗）名单。

21日

博鳌亚洲论坛2022年年会开幕式在琼海博鳌举行，国家主席习近平以视频方式发表题为《携手迎接挑战，合作开创未来》的主旨演讲。

国务院副总理韩正出席博鳌亚洲论坛2022年年会开幕式，集体会见论坛理事和战略合作伙伴代表，并同中外企业家代表座谈。

海南省委书记沈晓明在海口会见澳门特别行政区行政长官贺一诚。

海南自由贸易港—东盟智库联盟正式成立。

《海南自由贸易港对外开放综合评价研究报告》正式发布。

《海南省热带特色高效农业全产业链培育发展三年（2022—2024）行动方案》印发。

“宁香粳9号”示范田稻谷产量39.17千克/公顷，创造海南规模种植优质粳稻的高产纪录。

22日

海南洋浦海上风电产业园项目在洋浦开发区开工。

24日

海口空港综合保税区一站式飞机维修基地喷漆机库承接首架宽体客机整机喷涂业务。

25日

洋浦经济开发区首笔跨境投资高水平开放外汇管理改革试点业务落地。

26日

中国共产党海南省第八次代表大会在海口开幕，提出全面落实“一本三基四梁八柱”战略框架。（29日闭幕）

全国首单数字人民币财政实拨资金业务落地。

28日

海南2个集体被授予全国五一劳动奖状、9人被授予全国五一劳动奖章、10个集体被授予全国工人先锋号。

29日

中国共产党海南省第八次代表大会选举产生26名海南省出席党的二十大代表，党中央提名的代表候选人韩正同志当选。

中国共产党海南省第八届委员会第一次全体会议在海口举行，选举中国共产党海南省第八届委员会常务委员会委员和书记、副书记。

2022年5月

1日

《海南自由贸易港公平竞争审查制度实施办法（暂行）》施行。

3日

白沙黎族自治县阜龙乡党委组织委员邱瑞麟、中国海油海南分公司“深海一号”开发生产团队分获第26届“中国青年五四奖章”“中国青年五四奖章集体”。

5日

国务院印发关于同意在海南自由贸易港暂时调整实施《中华人民共和国船舶登记条例》有关规定的批复。

7日

海南首家绿色发展信用评级机构落地。

海南省槟榔产业技术体系启动会在海口举行，该体系是海南启动的首个现代农业产业技术体系。

8日

海南自由贸易港2022年首批博士人才需求岗位发布，共1316个岗位，人均年薪约35万元，其中最高年薪超100万元。

9日

省委深改委暨自贸港工委会议召开，审议通过《海南省种业振兴实施方案》。

“中国体育彩票”杭州亚运会帆船项目选拔赛暨2022年全国水翼帆板&风筝板冠军赛在琼海博鳌举行。（14日结束）

《中共海南省委 海南省人民政府关于支持儋州洋浦一体化发展的若干意见》公布实施。

10日

国家主席习近平《携手迎接挑战，合作开创未来——在博鳌亚洲论坛2022年年会开幕式上的主旨演讲》单行本，已由人民出版社出版，即日起在全国新华书店发行。

搭载天舟四号货运飞船的长征七号遥五运载火箭，在中国文昌航天发射场成功发射，这是中国空间站建设从关键技术验证阶段转入在轨建造阶段的首次发射任务，任务的成功标志着中国空间站正式开启全面建造。

《关于海南自由贸易港统筹区域协调发展的若干意见》发布实施。

海南省人民医院陈晓玲、海南医学院第一附属医院陈洪娇获2022年中华护理学会“杰出护理工作者”称号。

11日

中国首套国产化深水水下采油树在海南莺歌海海域完成海底安装。

洋浦经济开发区首笔取消结汇待支付账户试点业务落地。

13日

海南航芯半导体和通航飞机项目在海口市琼山区甲子镇正式开工。

“日中文化经济交流发展基金会海南代表处”“海南国际经济发展局日本窗口”揭牌。

15日

万宁市现代农业产业园入选2022年国家现代农业产业园，海南省芒果产业集群入选优势特色产业集群，万宁市龙滚镇入选农业产业强镇。

海南23户家庭获评第十三届全国五好家庭、5个集体荣获第十三届全国家庭工作先进集体、5名个人荣获第十三届全国家庭工作先进个人、24户家庭入选2022年全国最美家庭。

17日

海南自贸港首单欧元境外债券发行，系海南自贸港重点园区首笔备证增信的境外债券。

《海南省优化中小企业发展环境奖励资金管理实施细则》印发。

海南全面深化改革开放和中国特色自由贸易港建设成果展在海南省史志馆开展。

18日

“海南自贸港—南沙港—西南区域”粮油海铁联运专列成功首发，标志着在海南自贸港、粤港澳大湾区两大战略下服务内陆地区保供保运新通道的正式开通。

19日

海南日报报业集团与海南广播电视总台（集团）的国际传播业务融合，成立全新的海南国际传播中心。

20日

海南省工商联（总商会）乡村振兴联盟成立。

22日

三亚市在三亚水稻国家公园举行袁隆平院士铜像落成揭幕仪式。

海南医学院第二附属医院在中国（海南）国际贸易“单一窗口”零关税自用生产设备平台提交的事业单位主体资格认证申请获审核通过，成为全省首家符合自用生产设备“零关税”政策要求并通过认证审核的事业单位。

23日

“嘉航达”轮顺利交付并注册入籍“洋浦港”。洋浦现有登记海船总运力历史性突破1000万载重吨。

24日

国内首批钇90玻璃微球临床应用在海南博鳌乐城国际医疗旅游先行区内的博鳌超级医院成功实施，填补了中国肝癌治疗领域又一项前沿的技术空白。

《海南省车联网先导区（项目）建设实施细则》印发。

25日

全国公安系统英雄模范立功集体表彰大会在北京召开，海南省公安机关共有11个集体13名个人受到表彰。

海南自贸港美国企业专场推介会在海口举行，向线上参会的中国美国商会以及一批知名企业代表推介海南自贸港。

海南省旅游学校教师（兼职导游）敖燕军获评全国特级导游，

全省特级导游人才培养实现“零”的突破。

26日

首期6亿元非公开公司债券发行。债券票面利率3.95%、期限3年，创海南省非公开公司债券发行利率历史新低。

海南省第一家正式挂牌运作的“就业驿站”——乐东黄流站在乐东黎族自治县黄流镇启动。

海南首次聘任6名疾控首席专家。

29日

第二届RCEP区域发展媒体智库论坛以线上线下相结合的方式在海口召开。

31日

海南省第六届人民代表大会常务委员会第三十六次会议通过《海南省非物质文化遗产规定》《海南省人民代表大会常务委员会关于修改〈海南省生态保护红线管理规定〉的决定》等法规。

海南机场（海口）封关运作项目正式开工，是海南自贸港首个开工的封关运作航空口岸设施项目。

海南首个蓝碳生态产品交易完成签约，交易碳汇量3000余吨，交易额30余万元。

2022年6月

1日

省委书记沈晓明在三亚市调研并主持召开座谈会，强调要全面贯彻习近平总书记考察海南重要讲话精神和省第八次党代会精神，当好自由贸易港建设的标杆和转型发展的示范，高水平打造国际旅游胜地和自由贸易港科创高地。

新海港—徐闻港开通小客车过海专班，每日4个航次。

2日

海南首笔碳中和挂钩项目贷款成功落地，专项用于定安县龙湖镇尧什村农光互补发电项目建设。

3日

2022赛季中国足球协会超级联赛在海口五源河体育场举行开幕式和揭幕战，这是中超联赛首次在海南举办。（7月11日结束）

4日

海南首次完整成套应用110千伏移动变电站。

6日

海南省“土地超市”平台正式上线运行。

7日

国家林业和草原局、国家统计局联合下发通知，决定在海南、内蒙古、福建、河南、青海等五省区开展森林资源价值核算试点。

8日

省委、省政府印发《关于新时代加快完善社会主义市场经济体制的实施意见》。

海南省政府与浙江吉利控股集团有限公司在海口签署战略合作协议。

海南省优化营商环境咨询监督委员会在海口成立，来自国内各领域的17名专家获聘担任委员，任期2年。

共青团中央公布2022年“全国向上向善好青年”名单，海南3名青年获荣誉表彰。

海南首个知识产权公共服务窗口在三亚崖州湾科技城挂牌设立。

海口首单预付式消费履约保险开始起保。

12日

海南省省长冯飞在海口会见阿联酋驻华大使阿里·奥贝德·扎希里一行。

13日

省政府第103次常务会议召开，集体学习新修改的《中华人民共和国种子法》，研究部署推进海南种业振兴相关工作。

中国科协、教育部、科技部等七部委联合发布2022年科学家精神教育基地名单，中国热带农业科学院香料饮料研究所入选。

海南自贸港首支QFLP（合格境外有限合伙人）母基金、首支市县级母基金落地。

14日

中国首套国产化深水水下采油树在海南莺歌海投入使用。

15日

海南自由贸易港建设投资基金首支子基金设立，实现首单“乡村振兴+绿色低碳+专精特新”项目投资落地。

海南省医疗保障信息平台通过国家医疗保障局验收，成为全国第一个通过验收的省份。

16日

水利部办公厅、财政部办公厅公布2020—2021年水系连通及水美乡村建设试点县实施情况终期评估结果，文昌市获评“优秀”称号。

17日

人类遗传资源管理海南地区服务中心在琼海博鳌乐城国际医疗旅游先行区揭牌。

海口农村产权交易中心揭牌仪式在海口举行。

三亚崖州湾科技城管理局举办基层立法联系点授牌仪式，向基层立法联系点首批立法联络员、立法联络单位和顾问专家授牌。

20日

海南首家金融博士后工作站正式创建。

海南自贸港首个西班牙肉制品进口加工项目正式入驻洋浦。

《海南自由贸易港建设总体方案》发布后，海南自贸港企业首次以“零关税”货物成功办理贷款抵押。

23日

海口首个防范房地产风险巡回法庭在海口市琼山区人民法院揭牌成立。

24日

中共中央政治局常委、国务院副总理、推进海南全面深化改革开放领导小组组长韩正在北京主持召开推进海南全面深化改革开放领导小组专题会议，强调要聚焦重点难点，扎实推动海南自由贸易港建设不断取得新成效。胡春华、何立峰出席会议。

崖州湾载人深潜工程实验室和深海照明工程技术联合实验室在三亚崖州湾科技城揭牌运行，同时迎来“深海勇士”号载人潜水器正式入驻。

《关于金融支持海口建设自由贸易港核心引领区的意见》印发。

广州电力交易中心联合广东、广西、昆明、贵州、海南电力交易中心在南方五省区共同举办南方区域绿色电力交易首批绿证颁发仪式。

26日

《关于严厉打击野生动物非法交易，助力海南国家生态文明试验区建设的十二条措施》出台。

27日

海南联合香港工商界在线上举办海南自贸港—香港投资合作交流会暨海南国际经济发展局香港办事处、海南省政协琼港经济发展合作推进工作组香港工作站揭牌仪式。

《关于为海南热带雨林国家公园建设提供司法服务和保障的意见（试行）》发布。

28日

首届海南国际离岛免税购物节启动仪式在三亚国际免税城举

行，第四届中免海南离岛免税购物节同步启动。

国家潜水南方训练基地揭牌仪式暨加井岛潜水启幕活动在万宁石梅湾旅游度假区举行。国家体育总局水上运动管理中心宣布将6月28日定为“中国潜水日”。

29日

洋浦保税港区首家拥有海关AEO（经认证的经营者）高级认证企业成功落地。

《关于促进海南高校毕业生等青年就业创业工作的若干政策措施》印发。

2022年7月

1日

《海南自由贸易港游艇产业促进条例》施行。

海南解放公园国家AAAA级旅游景区揭牌。

3日

海南选手陈艺文在2022年世界游泳锦标赛上夺得跳水女子3米板、跳水女子双人3米板冠军。

首届全国各省市区社科普及基地讲解员大赛结果揭晓，海南省社科普及示范基地参赛的4件作品均获奖。

4日

省政府第104次常务会议召开，审议《海南省行政许可事项清单（2022年版）》等文件。

《关于支持台湾同胞台资企业在海南省农业林业领域发展的若干措施》发布。

《浙江省治水办 海南省治水办关于建立长期交流合作机制的框架协议》签署。

5日

海南省十三届全国人大代表前往琼中、五指山、陵水、万宁、琼海、文昌等地，开展海南生态环境发展与保护情况专题调研。（8日结束）

重症肌无力全球首创新药 efgartigimod 在博鳌乐城国际医疗旅游先行区完成全国首例应用。

6日

中国首个商业航天发射场——海南商业航天发射场举行开工仪式。

全球首个陆上商用模块化小型反应堆“玲龙一号”反应堆厂房钢制安全壳上部筒体吊装成功。

全球首台套智能船用装卸臂在东方市八所港第二装卸区完成首船作业，系液体化工码头全球首台套应用。

海南自由贸易港首个跨国公司本外币一体化资金池成功落地。

7日

海南省基本公共卫生服务项目质控中心揭牌。

海南国际知识产权交易所专利开放许可交易平台成功完成首单交易。

欧美同学会第九届年会暨海归创新创业海南自贸港峰会在三亚

举办。全国人大常委会副委员长、欧美同学会会长丁仲礼出席。

海南自贸港成功实施首单专利开放许可交易。

8日

第十二届泛北部湾经济合作暨2022北部湾国际门户港合作论坛在广西南宁举行，海南省省长冯飞在海南分会场以视频方式参会并作主旨演讲。

《海南自由贸易港全岛封关运作项目建设方案及第一批项目清单》《海南自由贸易港全岛封关运作前压力测试实施方案》印发。

全国首单自由贸易港专项公司债“22海垦01”发行。

伊顿（中国）投资有限公司与海南未来产业园在海口举行签约仪式，伊顿集团将入驻园区并在此设立海南自由贸易港总部。

《国家外汇管理局海南省分局关于开展优质企业贸易外汇收支便利化试点的指导意见（2022年版）》发布。

9日

在琼香港同胞庆祝香港回归祖国25周年联谊活动在琼海举行。（10日结束）

11日

“中国这十年”主题新闻发布会海南专场在海南省新闻发布厅举行。

海南省与国务院联防联控机制综合组海南工作组在海口举行工作对接会。

国家管网集团海南省管网有限公司投资新建的海口天然气分输站正式投产运行。

海口市人民医院以零缺陷通过美国食品药品监督管理局（FDA）的远程核查，是全省首家通过FDA检查的临床试验机构。

12日

海南省省长冯飞在海口会见全国政协委员、上海交通大学上海高级金融学院执行理事、海南自贸港金融专家委员会联席主席屠光绍一行。

推进全岛封关准备工作专班召开第三次领导小组会议，听取全岛封关准备工作整体推进情况汇报。

洋浦保税港区首单享受加工增值货物内销免关税政策的高性能新材料类商品放行出区。

13日

0时起，海口社会面已有41小时未发现新冠阳性感染者，实现社会面首次清零。

《博鳌亚洲论坛创新报告2021》在广州发布。

14日

农业农村部基因编辑创新利用重点实验室（海南）在三亚崖州湾科技城揭牌成立。

中国农业科学院与国际水稻研究所、国际玉米小麦改良中心在三亚市崖州湾科技城签约，三方在琼共建国际育种中心。

中国农业科学院国家南繁研究院“作物表型组学研究”等7个创新团队正式入驻三亚。

海南大学环境科学与生态学首次进入美国基本科学指标（ESI）全球排名前1%。

15日

华能海南昌江核电二期工程3号机组核岛安装正式开工。

三亚国际种业科创中心首批机构入驻仪式暨三亚诱变育种创新中心创建启动仪式举行，48家企业正式入驻三亚国际种业科创中心。

《海南省政府数字化转型总体方案（2022—2025）》印发。

17日

中国首艘水下考古船“中国考古01号”停靠三亚，标志着2022年北礁海域水下考古调查项目结束水下考古工作，此次水下考古工作共采集出水331件文物标本。

文昌市民陈日能获“全国见义勇为模范”称号。

18日

三亚成立中小微企业金融服务中心，首批9家驻点合作机构获授牌。

海南银行发行海南自由贸易港首单永续债10亿元。

19日

《关于加强军创企业品牌建设的通知》印发。

20日

省长冯飞在海口会见艾昆纬医药亚太区总裁宓子厚一行。

海南省中医院主任医师林天东荣获第四届“国医大师”称号，实现本省“零”的突破。

《海南省进一步降低物流成本实施方案（2022—2025年）》发布。

21日

“奋斗者”号载人潜水器正式进驻三亚崖州湾载人深潜工程实验室。

22日

海南省委常委会召开会议，听取上半年经济运行情况汇报，研究下半年经济工作。

海南省政府与中华全国台湾同胞联谊会签订战略合作协议。

23日

全国政协副主席梁振英率队来海南考察调研，并主持召开琼港经济合作发展咨询委员会座谈会。(26日结束)

第六届海南省运动会冲浪项目在万宁日月湾开赛。(29日结束)

24日

搭载问天实验舱的长征五号B遥三运载火箭，在中国文昌航天发射场成功发射。问天实验舱是中国空间站第二个舱段，也是首个科学实验舱。

全国首个由省属国企和中央企业合资成立的省级人才集团在海口正式揭牌。

“民营企业助力海南自贸港发展大会暨重点项目签约活动”在海口举行，会上累计签署投资合作协议36个，意向投资金额超200亿元。

25日

第二届中国国际消费品博览会在海口举办，全国政协副主席梁振英出席开幕式并作主旨演讲。本届消博会主题为“共享开放机遇 共创美好生活”，展览总面积10万平方米，主宾国法国，共有来自61个国家和地区的1955家企业2800多个消费精品品牌参展，总进场观众超28万人次，各类采购商和专业观众数量超4万人。（30日结束）

“2022世界侨商海南行”活动启动。（28日结束）

洋浦国际海产品及冻品物流产业园项目投产运营，这是《海南自由贸易港建设总体方案》发布以来，儋州洋浦地区投入使用的最大的海产品及冻品物流项目。

海南首支园区基金实质落地运作。

海南自由贸易港日本企业服务中心揭牌。

26日

海南省六届人大常委会第三十七次会议召开，通过省人大常委会关于修改《海南省规章设定罚款限额规定》等一批地方性法规。（27日闭幕）

海南海事局颁发首批可在海南省内适用的新版船舶“多证合一”证书，标志海南省在全国首次推行船舶证书“九证合一”。

27日

农业农村部联合海南省人民政府设立的海南自由贸易港农业植物新品种审查协作中心在三亚市正式挂牌，标志着全国首家农业植物新品种审查协作中心正式运行。

《金融支持三亚打造自由贸易港标杆城市的实施意见》印发。

28日

第二届中国国际消费品博览会时装周三亚主题日活动在海南国

际会展中心举行，全国政协副主席梁振英以视频方式致辞。

省委常委会召开会议，传达学习省部级主要领导干部“学习习近平总书记重要讲话精神，迎接党的二十大”专题研讨班精神，研究海南省贯彻意见。

2022中国种子大会暨南繁硅谷论坛在三亚市召开，论坛主题为“中国种业振兴·南繁硅谷崛起”。（31日结束）

海南自由贸易港南繁种业检验检测联盟成立，是海南省成立的首个检验检测联盟，也是全国首个种业检验检测联盟。

《海南省海洋生态系统碳汇试点工作方案（2022—2024年）》出台。

海南就业驿站——美兰残疾人就业创业孵化基地在海口揭牌，是本省首个面向城乡未就业残疾人设立的就业驿站。

人民法院知识产权司法保护种质资源研究（海南）基地挂牌成立。

29日

海南环岛旅游公路重点驿站大师工作营正式宣布启动。

海南自由贸易港全岛封关运作（第一批）项目集中开工活动在全省各市县和省公安厅同步举行。全省共集中开工9个项目，总投资14.17亿元。

海南省级“揭榜挂帅”第二批榜单目标责任书在海口签订。

《海南自由贸易港建设白皮书（2021.06—2022.05）》正式发布。

世界首台大体积深海低温超高压模拟装置在三亚崖州湾载人深潜工程实验室完成调试并通过现场技术验收。

海南首批60名营商环境“体验员”上岗，任期两年。

30日

博鳌乐城医工转化平台中国眼谷项目正式启动，中国眼谷落户琼海博鳌乐城国际医疗旅游先行区。

2022年8月

1日

省委深改委暨自贸港工委会议召开，研究全岛封关运作准备等工作。

《海南省生态保护红线准入管理目录》施行。

《关于金融支持儋洋一体化打造海南自由贸易港贸易投资高水平开放先行区的意见》印发。

《海南省行政执法告知办法（试行）》正式施行。

海南正式启动人口数据起底式大清查房屋调查工作。

海南文昌鸡直供香港发车仪式在文昌市抱罗镇举行。时隔10年，海南省冰鲜文昌鸡恢复以海南省企业名义直供香港。

三亚市疫情防控工作指挥部发布《关于发现1名新冠肺炎确诊病例的通告》。

2日

海南首个沉香省级林木种质资源库落户屯昌。

3日

全省疫情防控视频调度会召开，调度部署全省疫情防控下一步工作。

海口市与白俄罗斯格罗德诺市正式结为友好城市。

自贸港省属企业首单超短期融资券发行。

4日

海口等72个城市（城区）入选国家知识产权强市建设试点城市。

教育部、中国福利会、中国宋庆龄基金会发布《关于颁发第十五届宋庆龄奖学金的决定》，海南30名学生入选。

6日

省委书记、省委应对疫情工作领导小组组长沈晓明主持召开省委应对疫情工作领导小组专题会议，国家卫生健康委副主任、国家疾控局局长王贺胜到会指导。

国务院联防联控机制支援海南队伍陆续抵达，广东、上海、四川、江苏、江西等省份派出核酸检测力量援助海南。

8日

海南省召开新冠肺炎疫情防控工作指挥部新闻发布会（第四十二场），来自全国共计18省份8586人支援海南。

9日

海南全面启动能源保供应急预案，能源企业全力以赴做好疫情期间能源保供工作。

2022年农业现代化示范区创建县（市、区）名单公示，海口市琼山区、琼海市入选。

《海南省碳达峰实施方案》印发。

10日

省委书记、省委应对疫情工作领导小组组长沈晓明前往临高、儋州、东方调研督导疫情防控工作并主持召开现场推进会。（11日结束）

省长、省新型冠状病毒肺炎疫情防控工作指挥部总指挥冯飞前往三亚、陵水、万宁调研督导疫情防控工作。（11日结束）

海南首支知识产权运营基金进入实质运作。

农业农村部公告第一批72个国家农作物种质资源库（圃）和19个国家农业微生物种质资源库名单，海南共7个农作物、农业微生物种质资源库入选。

11日

海南昌江核电二期项目3、4号机组进口交流发电机设备顺利通关放行，是首单享受海南自贸港“零关税”免税政策的核电进口设备。

苏富比（海南）文化发展有限公司完成注册，全球头部拍卖行苏富比正式落地海口。

12日

中国农业发展银行海南省分行投放全省首笔政策性金融工具5830万元，用于支持海口江东新区产业发展配套路网二期项目。

13日

中共中央政治局委员、国务院副总理孙春兰在海南调研指导疫情防控工作，强调要乘势而上早日实现社会面清零。（至21日）

14日

三亚一批进口实验用高速摄像机在海口海关所属三亚海关顺利通关放行，是海南自由贸易港自用生产设备“零关税”政策升级后首次惠及事业单位。

15日

三亚有序恢复机场国内客运航班商业化运行。

16日

《海南省“十四五”再制造产业培育发展工作方案》印发。

海南省旅游资源规划开发质量评定委员会发布公告，海南白石岭旅游区被评为国家AAAA级旅游景区。

17日

《工业和信息化部等五部委关于加快邮轮游艇装备及产业发展的实施意见》印发。

19日

海南省召开新冠肺炎疫情防控工作指挥部新闻发布会（第五十四场），海南动员选派7批次4805名干部下沉到三亚、儋州、东方、乐东等疫情较重市县，其中三亚3652人。

24日

海口美兰国际机场完成跨境电商“9610”出口首单业务，标志着海南省空港口岸跨境电商“9610”模式正式运行。

海南发出的首批铁路国际联运货物抵达霍尔果斯国境站，并从该站出境，发往哈萨克斯坦。

国家知识产权强县建设试点示范县和国家级知识产权强国建设试点示范园区名单发布，海南省海口市龙华区、三亚市崖州区和三亚崖州湾科技城位列其中。

第21届全国青年岗位能手评选结果公布，海南14人受表彰。

25日

海南省举行新冠肺炎疫情防控工作指挥部新闻发布会（第六十场），宣布海口等7个市县实现高质量社会面清零。

26日

境内首家CIPS（人民币跨境支付系统）间参直联银行——海南银行上线支付透镜服务，成为全国首个成功上线CIPS支付透镜的间接参与者。

27日

2022世界新能源汽车大会在北京、海南两地以线上线下相结合的方式联合举办。中共中央政治局常委、国务院总理李克强致贺信。中共中央政治局委员、北京市委书记蔡奇宣布大会开幕，全国政协副主席、中国科学技术协会主席万钢作主旨演讲。（28日结束）

海南作为主宾省参加2022浦江创新论坛（第十五届）。

29日

三亚首次未在社会面检出阳性感染者，海南多地初步实现社会面清零，疫情进入收尾阶段。

30日

海南7名个人、4个集体获全国“人民满意的公务员”和“人民满意的公务员集体”表彰。

海南首笔银行办理外债签约登记高水平开放试点业务成功落地。

31日

《中共中央纪委机关 国家监察委员会 人力资源社会保障部关于表彰全国纪检监察系统先进集体和先进工作者的决定》印发，海南2个集体和6名个人受到表彰嘉奖。

2022年9月

1日

海南环岛高铁、海口市郊列车将逐步恢复开行，旅客须持48小时内核酸阴性证明和健康码绿码通行。

2日

海关总署、海南省人民政府印发《海南自由贸易港“一线放开、二线管住”进出口政策制度试点扩区工作实施方案》《海南自由贸易港“一线放开、二线管住”进出口政策制度试点扩区风险防控措施》。

博鳌超级医院渐冻症多学科会诊中心正式成立。

3日

海南省委书记沈晓明在三亚市为上海市援琼医疗队送行，

代表海南省委、省政府和海南人民，向援琼医护人员致以崇高敬意和衷心感谢。

海口往返巴黎国际货运航线恢复。

5日

省委书记、省委应对疫情工作领导小组组长沈晓明在海口调研学校疫情防控和开学复课工作，强调要严格落实好各项校园防控措施，开展好线下线上教学，有序推进开学复课工作。

海口往返悉尼国际客运航线恢复，这是海口美兰国际机场2022年9月以来恢复的第2条国际货运航线。

7日

海南国际经济发展局和洋浦国际投资咨询有限公司获2022年度“杰出投资促进机构奖”。

海南省金融发展促进会发布《公益性社会企业认证评级规范》，系全国首个公益性社会企业团体标准。

8日

2022年创客中国中小企业创新创业大赛（海南赛区）决赛在海口举办。

9日

海口江东新区起步区首个商业综合体——江东天地商业综合体开工。

10日

省委、省政府发出致全省广大教师和教育工作者的慰问信。

《海南省反走私举报奖励办法（试行）》正式施行。

12日

海南自由贸易港—东盟智库联盟第二次工作会议通过线上线下结合的方式召开。

13日

省政府第107次常务会议召开，研究统筹疫情防控和经济恢复提振、助企纾困等工作。

2022年“乐城全球特药险”全新升级上线。

海南在屯昌试点税务医保社保“一窗通办”。

牛路岭灌区工程开建，设计灌溉面积3.8万公顷，受益人口近130万人。

14日

东方1-1气田东南区乐东块开发项目投产，中国自主研发的首套深水水下生产系统正式投入使用。

2022年全国供应链创新与应用示范城市和示范企业评审结果公示，海南冻品云供应链科技有限公司成为海南唯一入选企业。

15日

2022年全国大众创业万众创新活动周海南省系列活动在海口复兴城互联网信息产业园启动。

《海南自由贸易港享受个人所得税优惠政策高端紧缺人才清单管理暂行办法》印发。

第29届中国杨凌农业高新科技成果博览会在陕西杨凌举行，

海南作为主宾省参加。（19日结束）

16日

海南自由贸易港2022年半年建设评估视频会议召开。

海南省“万名干部下企业”服务行动工作动员会议在海口召开。

推进全岛封关准备工作专班领导小组第四次会议召开，研究压力测试、封关运作项目建设等工作。

《海南省统筹疫情防控和经济恢复提振行动方案》《海南省稳经济助企纾困发展特别措施（2.0版）》印发。

“探索二号”从三亚出发，前往南海执行科考任务。

17日

海南自贸港第十四批5项制度（集成）创新案例发布。

2022年亚洲女子沙滩排球锦标赛在泰国收官，代表国家队出战的海南队选手林美媚和队友夏欣怡搭档获得季军。

20日

康芝药业股份有限公司海南生产基地首批1万个N95口罩正式下线，标志着海南实现医用防护口罩的本地化生产。

海南银保监局推出海南省疫情防控营业中断损失补偿保险，组织省内15家省级财险公司，签署海南省“疫情防控营业中断损失险”共保协议。

中国绿发集团文昌公司淇水湾旅游度假综合体零能耗零碳示范项目通过专家组成果鉴定，成为海南首个投用的零能耗零碳示范建筑。

中国热带农业科学院一项目入选全球发展倡议项目库首批项目清单。

21日

国务院印发关于同意在天津、上海、海南、重庆暂时调整实施有关行政法规规定的批复。

金砖国家大法官论坛在北京、海南两地以线上线下相结合的方式举行，共商加强金砖国家司法交流合作事项。中国最高人民法院院长、首席大法官周强，巴西最高法院院长、首席大法官罗沙·韦伯，俄罗斯最高法院院长、首席大法官维亚切斯拉夫·列别杰夫，印度首席大法官乌代·乌梅什·拉利特，南非最高上诉法院大法官博伊西·姆巴等出席开幕式并致辞。

省委书记沈晓明调研省会城市十大公共文化设施建设工作并主持召开座谈会。

省长冯飞前往文昌实地调度海南商业航天发射场建设工作。

海南省政府与远景科技集团在海口签订战略合作框架协议。

海南省王柏和入选中央宣传部、退役军人事务部、中央军委政治工作部联合发布2022年度“最美退役军人”先进事迹名单。

22日

海南自贸港日本企业专场推介会举行，向线上参会的日本知名企业和商协会代表推介海南自贸港。

《海南省支持中小微企业复工复产贷款贴息实施细则》发布。

《海南省营养健康餐厅评价规范》《海南省营养健康食堂评价规范》团体标准发布，为全国首个营养健康餐厅类团体标准。

博鳌乐城爱尔眼科医院完成国内首例新一代预装式肝素涂层人工晶状体植入。

23日

全省“查堵点、破难题、促发展”活动第五次推进会在海口召开。

海南自由贸易港RCEP企业服务中心在海口和北京同步揭牌成立。

海南自贸港至非洲国际远洋集装箱航线在洋浦国际集装箱码头正式开通运营。

RCEP智库联盟正式成立。

海南省首个高速公路转体桥——海口绕城高速公路美兰机场至演丰段上跨海南环岛高铁转体桥成功转体。

全球航司及机场服务评测机构SKYTRAX在英国伦敦揭晓2022年世界航空大奖，海南航空蝉联“中国最佳员工服务”奖。

24日

三亚市新型冠状病毒肺炎疫情防控工作指挥部发布通告，三亚高风险区清零。

海南自贸港首单加工增值免关税牛肉报关出区。

25日

“探索二号”搭载“深海勇士”号4500米级载人潜水器返航，顺利完成深海地质原位观测及国产化装备海试任务。

海南省沉香产业联合会成立。

27日

“奋进新时代”主题成就展在北京展览馆开幕，海南单元亮相。

关于海南自由贸易港鼓励类产业企业实质性运营有关问题的补充公告发布。

海南自贸港侨海创新创业园在海口揭牌。

28日

《海南省人民政府办公厅关于印发进一步完善海南绿色金融政策框架和推进措施的通知》发布。

海南生产的首款智能纯电动汽车——海马7X-E上市。

3岁的同型半胱氨酸尿症患儿乐乐（化名）在海南博鳌乐城国际医疗旅游先行区成功接受创新药CYSTADANE（无水甜菜碱）治疗，这是国内首例患者使用该药物。

29日

省委常委会召开会议，审议通过《关于加强新时代老龄工作的实施意见》等文件。

省六届人大常委会第三十八次会议通过《海南自由贸易港药品进口便利化若干规定》。

省政府办公厅印发《海南省加快推进数字疗法产业发展的若干措施》。

30日

外周μ-阿片受体拮抗剂（PAMORAs）在博鳌乐城国际医疗旅游先行区的海南博鳌研究型医院开出中国内地首张处方，这是该药在中国首次进入临床应用。

是月

海关总署发布2021年度综合保税区发展绩效评估结果，洋浦保税港区首次获评全国A类综合保税区。

2022年10月

1日

省社会保险服务中心与交通银行海南省分行联合开设的4家社保医保便民服务站在海口上线。

海南省监狱管理局（省戒毒管理局）重组挂牌。

省商务厅投入1000万元财政资金，在全省范围开展“助商惠民，乐享海南”家电消费满减活动。

4日

2022中国·三亚第24届南山长寿文化节暨第二届福寿文化节在三亚南山文化旅游区开幕。

7日

中国农业银行海南省分行实现首笔设备更新改造贷款落地投放。

8日

国务院批复同意在海南等地暂时调整实施有关行政法规规定，放宽外商捐资举办非营利性养老机构的民办非企业单位准入。

9日

海南省住房公积金管理局发布通知，明确自2022年10月1日起，全省调整首套个人住房公积金贷款利率，5年期以上利率下调至3.1%。

广东省、福建省、广西壮族自治区、海南省四省区联合建立《粤闽桂琼海上渔船防台风协同机制》。

海南省人民医院进口的一台医疗设备在海口美兰机场海关顺利通关放行，这是海南自由贸易港自用生产设备“零关税”政策升级后首次惠及海南省公立医院。

10日

大唐海口天然气发电项目2×460兆瓦9F级燃气—蒸汽联合循环发电机组1号机组并网发电一次成功。

11日

海南陵水黎安国际教育创新试验区全面开学。

中国太平保险集团选派来海南交流香港人才见面会在海口举办，首批6名香港金融人才在海南开展为期一年的工作交流。

12日

新药PADCEV在琼海博鳌乐城国际医疗旅游先行区的博鳌超级医院开出国内首张处方，也是该药在国内首次进入临床应用。

东方市消防救援支队建成全省首座无人机自动机场并投入执勤。

14日

出席中国共产党第二十次全国代表大会的海南省代表团抵达北京。

15日

国内首例瑞士先进聚酯胶原骨修复材料“Smartbone ORTHO”的临床应用在博鳌乐城国际医疗旅游先行区的上海交通大学医学院附属瑞金医院海南医院（海南博鳌研究型医院）取得成功。

16日

洋浦港对外开放口岸设施设备升级改造及“二线口岸”查验设施设备建设项目在洋浦国际集装箱码头集装箱堆场动工，该项目是全岛封关运作项目的重要组成部分，将为全岛封关运作提供管理经验。

18日

党的二十大海南省代表团举行全体会议，讨论中央纪委工作报告和党章修正案。

上海交通大学医学院附属瑞金医院海南医院（海南博鳌研究型医院）正式获批第四批国家区域医疗中心建设项目。

19日

党的二十大海南省代表团举行全体会议，传达学习习近平总书记在参加广西代表团讨论时的重要讲话精神。

中国海洋石油集团有限公司对外宣布，在海南东南部海域琼东南盆地发现中国首个深水深层大气田宝岛21-1，探明地质储量超过500亿立方米。

全国首个百万千瓦级漂浮式海上风电试验项目落地万宁，项目计划总投资230亿元。

海南在全国创新推行“先行禁令”跨境电商知识产权保护新模

式，被作为知识产权强国建设第一批典型案例公开推广。

20日

《海南自由贸易港创业投资工作指引（2022年版）》印发。

海南自贸港首票进口冷冻热带水果在海南洋浦经济开发区通关放行。

21日

海南首部苏东坡主题话剧《海外东坡》在省歌舞剧院开演。

22日

在德国柏林举办的2022年国际泳联跳水世界杯女子双人3米板决赛中，海南选手陈艺文搭档队友昌雅妮赢得冠军。

崖州湾科技城“育种材料存证与惠益分享平台”上线试运营，标志着海南在全国率先探索出“育种材料第三方存证”业务。

24日

海南3个项目入选2022年“全国非遗与旅游融合发展优选项目名录”。

海南全面实行建筑施工企业安全生产许可证电子证书，取消纸质证书，实现全国统一版式、统一编码，在全国范围内互通互认。

25日

海南省在香港发行离岸人民币地方政府债券路演顺利完成，标志中国地方政府首次在国际资本市场发行蓝色债券和可持续发展债券正式启动。

“探索二号”科考船搭载着“深海勇士”号载人潜水器，完成大深度原位科学实验站在海底的布设试验后返回三亚。

《海南热带雨林国家公园优先保护物种名录》（正式版）向社会公开发布。

26日

庆祝中华人民共和国成立73周年暨香港海南社团总会第四届会董会就职典礼在香港会展中心举行。全国政协副主席梁振英致贺信。

国家发展改革委、商务部发布《鼓励外商投资产业目录（2022年版）》明确，海南适用全国目录519条和海南省目录72条，共591条，海南自由贸易港鼓励外商投资产业目录进一步扩大。

海南在香港发行50亿元离岸人民币地方政府债券，用于海洋环境保护项目、绿色经济发展和重点领域民生保障项目。

海南选手林美娟携手队友新疆姑娘夏欣怡获世界沙滩排球挑战赛迪拜站亚军。

27日

中国共产党海南省第八届委员会第二次全体会议在海口召开，审议通过《中共海南省委关于深入学习宣传贯彻党的二十大精神的意见》。

海口空港综合保税区自封关运作以来迎来首单境外飞机维修业务。

28日

全球最大的单体免税店——cdf海口国际免税城开业。

三亚学院与马来西亚世纪大学共同建设的国际教育平台——中

马未来学院挂牌成立。

海南省航天技术创新中心在文昌揭牌成立。

29日

第88次中国改革国际论坛在海口开幕。(31日闭幕)

30日

“中国—东盟全面战略合作中的海南自贸港”国际论坛在海口召开。

2022年“行走中国·海外华文媒体海南行”活动在海口启动，来自17个国家的20多位华文媒体代表，将在海南开展为期5天的考察采访。

31日

省政府第109次常务会议召开，研究部署海南省疫情防控工作，审议《关于加快推进政务服务标准化规范化便利化的实施意见》等文件。

搭载空间站梦天实验舱的长征五号B遥四运载火箭，在中国文昌航天发射场成功发射。梦天实验舱是中国空间站第三个舱段，也是第二个科学实验舱。

《海南法院优化营商环境白皮书》及14个典型案例发布。

“海南一号”卫星AIS（船舶自动识别系统）信息数据在海南国际知识产权交易所达成许可交易，这是海南自贸港成功实施的首单遥感卫星AIS数据交易。

2022年11月

1日

海南设立“琼旅保贷”风险补偿资金池，规模1亿元。

2日

全国首单“玉米自交系”植物新品种权质押融资贷款落地三亚崖州湾科技城。

3日

学习贯彻党的二十大精神中央宣讲团报告会在省人大会堂举行。

第十五届海峡两岸科普论坛在海口举办。

洋浦获批国家进口贸易促进创新示范区。

《海南国际设计岛建设方案》印发。

4日

国家主席习近平以视频方式出席在上海举行的第五届中国国际进口博览会开幕式并发表题为《共创开放繁荣的美好未来》的致辞。习近平指出，要“实施自由贸易试验区提升战略，加快建设海南自由贸易港，发挥好改革开放综合试验平台作用。”

海南自贸港首笔集团票据池项下电子保函业务落地。

2022年全国滑水俱乐部巡回赛在琼海博鳌举办。（6日结束）

海南首家海南自由贸易港法治主题公园建成投入使用。

7日

海南省政府、国家知识产权局印发《海南省人民政府 国家知识产权局共建全面深化改革开放知识产权强省实施方案》。

全国人大财经委调研组来海南开展西部陆海新通道重大工程项目建设专题调研并在海口召开座谈会。

8日

2022年中组部选派来海南挂职干部培训班在省委党校开班。

省政府第110次常务会议召开，研究文化强省建设、海洋渔业高质量发展等工作。

国务院安委会综合督导检查组第十三组安全生产大检查“回头看”督导检查汇报会在海口召开。

海南首个渔港经济区建设规划——《东方市沿海渔港经济区建设规划（2022—2030年）》通过专家评审。

海南省2023年版“惠琼保”新闻发布会在海口举行，普惠型商业健康保险“惠琼保”正式上线。

海南琼中女足夺得2022年中国足协女足青训中心“希望杯”足球赛U11组四川赛区冠军。

“潭牛文昌鸡”入选农业农村部2022年农业品牌创新发展典型案例名单。

9日

2022亚太电协CEO会议在海口召开。

琼海市与白俄罗斯共和国格罗德诺州奥斯特洛维茨市签署建立友好城市关系意向书。

海南三亚市水稻国家公园、琼海市留客农耕文化研学实践基地入选全国农耕文化实践营地推荐名单（第一批）。

海南省公安厅发布关于检举揭发王清富等人涉黑涉恶犯罪团伙违法犯罪线索的通告。

10日

2022中国可持续投资（ESG）与海南自贸港建设论坛在海口举办。（11日结束）

海南国际仲裁院理事约翰·阿奇尔·埃劳获中华人民共和国驻比利时王国大使馆颁发的2022年度“中国政府友谊奖”。

11日

2022全球海上风电大会在海口开幕，是该会首次在海南举办。（12日结束）

海南省发展控股有限公司与西子联合控股有限公司在杭州签署战略合作协议。

海南省乡村振兴产业综合保险第一张保单在琼中黎族苗族自治县签订，标志着此项目的试点工作在琼中正式落地。

12日

搭载着天舟五号货运飞船的长征七号遥六运载火箭，在中国文昌航天发射场成功发射。天舟五号货运飞船装载了神舟十五号3名航天员6个月的在轨驻留消耗品、推进剂、应用实（试）验装置等物资，还搭载了“澳门学生科普卫星一号”、宇航用氢氧燃料电池、空间宽能谱高能粒子探测载荷等试验项目。

13日

海南陵水黎安国际教育创新试验区迎来开园办学后的首批新生。

14日

海南省委书记沈晓明在海口拜会来海南调研的全国政协副主席、民盟中央常务副主席陈晓光一行。

省国土空间规划委员会第二次会议审议通过《海南省国土空间规划（2021—2035年）》等文件。

省政府公布《关于将部分省级管理权限调整由儋州市实施的决定》。

五指山革命根据地纪念园景区国家AAAA级旅游景区揭牌。

海南省昌江核电科普教育基地、春光食品龙楼工业园入选文化和旅游部公布的53个工业旅游示范基地名单。

15日

海南省科学技术奖励大会在海口召开。

《海南省城镇从业人员基本养老保险条例实施细则》《海南省烟草专卖行政处罚规定》《海南省建设工程消防管理规定》三件省政府规章废止。

海南省新型冠状病毒肺炎疫情防控工作指挥部发布进一步优化新冠肺炎疫情防控二十条措施。

海南琼中女足夺得2022年“海南·琼中杯”全国女子足球邀请赛冠军。

吉利新能源与智能汽车产业学院正式揭牌成立。

16日

全国政协副主席兼秘书长李斌率全国政协人口资源环境委员会“海水淡化规模化利用”专题调研组在海南开展调研。（18日结束）

海南航空海口—香港航线顺利复航，美兰机场国际及地区客运航线正式复航。

17日

人力资源社会保障部、财政部、国家税务总局公布海口市等36个全国个人养老金先行城市（地区）。

海南学习宣传贯彻党的二十大精神“新时代新征程新伟业”主题宣传活动在洋浦经济开发区启动。

省总工会授予“南海之梦”邮轮“海南省劳模（职工）疗休养基地”称号，这是全国首个海上流动的劳模疗休养基地。

18日

第六届海南国际健康产业博览会在海南国际会展中心开幕。全国政协副主席、农工党中央常务副主席何维发表视频致辞。

2022浦江创新论坛海南分论坛暨沪琼科技成果对接交流活动在海口举行。

“2022首届海南国际设计师大赛”颁奖典礼暨海南国际设计岛产业发展论坛在海口举行。

保亭黎族苗族自治县与海南省院士联合会共同创办的海南自由贸易港健康医学研究院正式成立。

海南省打击走私综合治理领导小组办公室向社会公布海南省反走私举报电话。

第六批国家生态文明建设示范区等公布，海南省五指山市获评。

2022首届崖州国际青年学者论坛在三亚崖州湾科技城举行。

国家重点研发计划“北部湾城市群综合科技服务平台研发与应用示范”项目顺利通过科技部验收，这是海南在高新技术领域的第一个国家重点研发计划项目。

19日

省长冯飞在海口会见中国核工业集团有限公司总经理顾军一行。

海南首单境外远洋鱼类渔获进港交易落地文昌清澜港。

21日

2022年中国航天大会暨2022文昌国际航空航天论坛在海口开幕。（24日闭幕）

海南卫星数据与应用研究中心在海口揭牌成立，在文昌国际航天城落地运行。

东方市海南花梨谷文化旅游区国家AAAA级旅游景区揭牌仪式举行。

东方市入选全国基层卫生健康综合试验区。

22日

省政府印发《海南省企业职工基本养老保险若干规定》。

第四届商业航天产业国际论坛在海口举办。

23日

海南首家公募基金管理公司——汇百川基金管理有限公司获中国证监会批复设立，实现海南公募基金法人机构“零”的突破。

海口海关所属三亚海关向紫金国际控股有限公司颁发海关高级认证企业（AEO）证书，完成新标准下全省首家AEO企业认证。

海南首家“海南鲜品”农产品区域公用品牌体验店在海口开业。

24日

2022台商峰会在海口召开，全国政协副主席、台盟中央主席苏辉向峰会发表视频致辞。

省长冯飞在海口会见了雅诗兰黛集团旅游零售全球商业总裁哈维尔·西蒙一行。

25日

海航货运海口—法兰克福航线开通。

海南电子劳动合同平台上线运行，免费为企业和员工提供一站式签订电子劳动合同服务。

26日

海南8个案例入选生态环境部制度创新成果清单，入选数量居全国前列。

27日

疫情后海南首个出国招商团组赴日本开展为期15天的招商推介活动。

由海南中天云朗私募基金管理有限公司设立和运营的反向并购公司Hainan Manaslu Acquisition Corp在纳斯达克IPO（首次公开募股），成为海南省SPAC第一股。

代表国家队参赛的海南女子沙排队队员林美媚和队友夏欣怡组队，获得2022年世界沙滩排球挑战赛澳大利亚站女子组比赛铜牌。

28日

2022中国企业家博鳌论坛主论坛在琼海博鳌开幕。

《第二届中国国际消费品博览会传播影响力报告》正式发布。

海南弘微融资担保有限公司等4家单位被列入第二批海南省政府性融资担保机构名单。

29日

海南省第六届人民代表大会常务委员会第三十九次会议通过《海南自由贸易港生态环境保护考核评价和责任追究规定》《海南自由贸易港博鳌乐城国际医疗旅游先行区医疗药品器械管理规定》《海南省人民代表大会常务委员会关于在海南自由贸易港取消乙级水利工程质量检测单位资质认定等六项行政许可事项的决定》《海南省人民代表大会常务委员会关于将排污许可证核发等省级管理权限调整由儋州市实施的决定》。

推进全岛封关准备工作专班第六次领导小组会议召开，调度海南自由贸易港全岛封关运作项目推进情况，对有关压力测试方案进行研究。

海南省省长冯飞在海口会见国家医疗保障局局长胡静林一行。

30日

《海南自由贸易港实施市场准入承诺即入制管理规定》施行。

全球首台7MW级抗台风漂浮式风机在东方市下线，海南首个海洋能源立体开发示范项目——明阳东方CZ9海上风电场示范项目同时开工。

海南自贸港首单跨境电商B2B直接出口货物在海口美兰机场海关顺利通关。

第一届海南省真实世界数据医保应用专家咨询委员会成立。

2022全球科技影响力投资大会气候发展论坛在海口开幕。（12月2日结束）

2022海南省市（县）级国际传播媒体融合协作交流会在海口举办。

2022年12月

1日

2022年（第二届）中国青年梦想季在海口开幕。

海南首个天然气热电联产项目机组在洋浦成功并网发电。

海南省地方猪产业技术体系启动会在海南省农业科学院召开，宣布建立海南省地方猪产业技术体系，这是国内首个地方猪产业技术体系。

2日

海南自由贸易港“一线放开、二线管住”进出口政策制度试点扩大至海关特殊监管区域以外首单落地。

3日

国家体育总局体育文化发展中心公布“2022中国体育旅游精品项目”名单，万宁获评“全国十佳体育旅游目的地”。

2022中国（海南）国际新能源汽车拉力赛·环岛赛发车仪式在海口五源河体育场举行。（8日结束）

2022BMW越山向海人车接力海南年终巅峰赛在文昌铜鼓岭景区开赛，该赛事已连续4年在海南举办。（3日结束）

4日

国际潮团总会第21届国际潮团联谊年会在琼海博鳌开幕。十

三届全国政协副主席梁振英，泰国副总理威沙努·科岩，十届、十一届全国政协副主席张梅颖等视频出席。（5日闭幕）

第二届中国青年梦想季系列活动——筑梦大道·新时代“大思政”创新发展论坛在五指山市举行。全国青少年“大思政”实践育人基地建设项目签约落户五指山市。

7日

中国（海南）—阿联酋自贸港建设经验交流会以视频方式举行。

“海南沉香（香料）”“海南沉香（药用）”两项地理标志证明商标通过国家知识产权局商标局批准，商标注册成功。

国家药监局和海南省政府召开2022年药品医疗器械临床真实世界数据应用试点工作领导小组第四次会议。

省农业农村厅认定11家省级热带作物良种（苗）繁育基地、8家省级热带优异果蔬展示示范基地。

8日

省六届人大常委会第四十次会议召开，表决通过《海南省人民代表大会常务委员会关于召开海南省第七届人民代表大会第一次会议的决定》《海南省第七届人民代表大会第一次会议列席人员范围》等文件。

海南省与国防科技大学军队高级干部高科技知识培训班交流座谈会在三亚举行。

第一届博鳌国际药械真实世界研究大会在琼海博鳌举行。

2022海南国际“捷克”日暨中捷产业投资论坛在海口举行。（9日结束）

2022年中国特色自由贸易港国际传播高峰论坛暨海南国际传

播中心“两网两基地一账号”（中国故事传播基地、厦门大学自贸港国际新闻与传播人才培养与实践基地、海南国际传播网“日语网”“韩语网”、海外社交媒体日语账号）揭牌上线仪式在海口举行。

9日

海南省政府代表团赴中国香港和德国开展招商推介，这是新冠疫情以来全国首个省领导率团赴境外招商。（至17日）

2022年中国摩托艇公开赛（海南万宁站）在万宁神州半岛举行。（11日结束）

2022年全国跳伞冠军赛首次落地海南，在万宁举行。（13日结束）

全省首家足球学院——海南师范大学足球学院揭牌成立。

海南自由贸易港农业植物新品种审查协作中心办事窗口在三亚崖州湾科技城揭牌设立。

海南首笔数字人民币贷款业务成功发放。

10日

海南省第六届运动会在儋州体育中心开幕。（14日闭幕）

省委深改委暨自贸港工委会议审议通过《省对市县财政体制改革方案》《深化基层教育卫生专业技术人才激励机制改革的若干措施》等文件。

全球首个治疗阿尔茨海默病Aβ靶向疗法新药落地乐城，是阿杜卡单抗在中国的首次临床应用。

海南乒乓球选手林诗栋夺得2022世界青年乒乓球锦标赛U19混双冠军。

海南省府城强制隔离戒毒所原党委书记、所长陈旭获“2022年度致敬英雄”荣誉称号。

12日

海南省政府代表团赴德国开展为期5天的招商推介活动。

国家摩托艇南方训练基地揭牌仪式在万宁神州半岛举行。

13日

海南省营商环境建设厅正式成立。

海南省与德国比勒费尔德应用科学大学独立办学项目签约仪式暨比科大合作企业专场招商推介会在德国比勒费尔德举办。

14日

《生物多样性公约》第十五次缔约方大会第二阶段会议举行，海南省举办的中国角“海南日”展览宣介活动及主题边会开幕。

海南省最大的冬季瓜菜交易市场和公益性产地市场——崖州果蔬综合批发市场开业运营。

15日

海南自贸港首个铁路货列封关项目——海口南站铁路货列查验区工程正式开工建设。

海南自由贸易港渔业产业招商推介会在海口举行。

中国（海南）国际热带农产品冬季交易会在海南国际会展中心举行。（18日结束）

2022年海南农业品牌发布及推介会在海南国际会展中心举行。

第十二届马中企业家大会在马来西亚首都吉隆坡举办，海南省组团线上参会并推介海南自贸港。

工行海口国贸支行成功开立本外币合一账户，标志着海南省金融行业在本外币一体化改革中成功迈出第一步。

16日

由省委、省政府主办的首场海南“百场万岗”2023年校招活动在江苏省南京市开启。

海南农垦农产品拍卖启动仪式暨产品推介活动在冬交会现场举行。

中国自由搏击俱乐部超级联赛揭幕战在五指山水满乡开赛。

17日

省文明办、省教育厅、团省委、省妇联、省关工委在海口联合发布2022年度“新时代海南好少年”先进事迹。

18日

第四届海南岛国际电影节在三亚市举行。来自116个国家和地区的3761部影片报名参与评选和展映。（25日结束）

中国首批患者在琼海博鳌乐城国际医疗旅游先行区顺利实施机器人全飞秒SMILE pro手术。

19日

海南4部作品获全国“五个一工程”“特别奖”，一部图书获“优秀作品奖”，系海南首次有图书类作品获奖。

20日

工信部发布2022年度全国81个千兆城市名单，三亚市名列其中，成为海南首个“千兆城市”。

21日

海南在上海市、湖北省武汉市、湖南省长沙市、四川省成都市同时开展2023年高校招才引智活动。

海南自由贸易港第十五批制度集成创新案例新闻发布会在海口举行，发布6项制度集成创新成果。

23日

推进全岛封关准备工作专班第七次领导小组会议召开，审议《海南自由贸易港全岛封关运作前压力测试清单（第一批）落实措施及任务分工》相关任务事项和压力测试方案。

2022年（第二十三届）海南国际旅游岛欢乐节在海口骑楼老街正式开幕。（30日闭幕）

海南省中医院在江东院区举行海南医学院非直属附属中医院揭牌暨海南省中医院江东院区正式启用仪式。

24日

海南省工商联在海口发布“2022海南民营企业50强”“2022海南民营企业研发投入20强”名单。

25日

海南金盘科技公司入选全国第七批制造业单项冠军企业名单。

26日

中共中央政治局常委、国务院副总理、推进海南全面深化改革开放领导小组组长韩正主持召开推进海南全面深化改革开放领导小组专题会议，就重要政策、重点事项、重大问题进行深入研究、作出明确部署。

“感动海南”2022十大年度人物颁奖典礼在海南广播电视总台演播厅举行。

27日

海南省首批特级技师颁证仪式在海口举行，获评特级技师的9名工匠来自生产一线的多个工种。

海南最大的清洁能源热电联产项目——华能洋浦天然气热电联产项目一套机组正式投入商业运营。

2022全球自贸媒体大会在海口开幕，搭建全球媒体机构为自贸港发展共同出谋划策的合作平台。

海南3个集体获“全国行政执法先进集体”，3人获“全国行政执法先进个人”。

28日

海南热带雨林国家公园成为全国首个完成自然资源确权登记的国家公园。

以黎锦为主题的海南馆亮相第十八届中国（深圳）国际文化产业博览交易会。

海南港澳青年创新创业服务中心揭牌仪式暨支持港澳青年来海南创新创业座谈会在海口举行。全国政协副主席梁振英发表视频致辞。

G15沈海高速公路海口段等5个项目集中建成通车。

环热带雨林国家公园旅游公路等5个项目集中开工。

海南11个村（社区）入选司法部、民政部命名的第九批“全国民主法治示范村（社区）”。

29日

省委书记沈晓明、省长冯飞在海口会见中国海洋石油集团有限公司董事长、党组书记汪东进一行。

第三届“一带一路”建设与制造强国建设协同发展论坛暨2022中国工业碳达峰论坛在儋州海花岛举行。

海南实行入琼动物指定通道管理，全省设置海口市秀英区粤海铁路南港检查站、海口市美兰区美兰机场检查站、三亚市天涯区凤凰机场检查站3个入琼动物指定通道。

2022海南国际电子商务博览会暨海南国际跨境电商贸易展览会在海南国际会展中心开幕。（31日闭幕）

30日

中国首个深水高压气田项目——“深海一号”二期工程在陵水深海海域全面开工建设。

中国通航交接暨跨琼州海峡首飞仪式在海口举行，标志着中国通用航空有限责任公司正式无偿划转至海南省国资委，成为海南省属国企中首家“中”字头企业。

海口栗喉蜂虎保护入选全国生物多样性优秀案例。

海南国际碳排放权交易中心首单跨境碳交易成功落地。

海瑞文化公园正式开园。

31日

习近平总书记在2023年新年贺词中强调，海南自由贸易港蓬勃兴起。5年来，海南时刻牢记习近平总书记的殷切嘱托，推动自贸港建设实现从“顺利开局”到“蓬勃展开”到“进展明显”再到“蓬勃兴起”。

海口首单“一线放开、二线管住”政策扩区完成全闭环落地。

是年

崖州湾实验室挂牌运行。

大事记

2023年

2023年1月

1日

2022年海南外向型经济蓬勃发展，货物贸易进出口总额2009.5亿元，同比增长36.8%；服务进出口总额353.6亿元，同比增长22.9%；实际使用外资到资40.5亿美元，同比增长15%；实际对外投资18.95亿美元，同比增长137.46%。

4日

全国政协副主席梁振英率琼港经济合作发展咨询委员会考察组来海南考察调研。（8日结束）

海南国际碳排放权交易中心首单跨境碳交易成功落地。

5日

第二届三亚国际种业科学家大会暨2022国际种业科技博览会在三亚举行。（7日结束）

澄迈县、海口市美兰区、三亚市吉阳区入选水利部公布第五批节水型社会建设达标县（区）名单。

万宁市入选2022年度“四好农村路”全国示范县创建单位名单。

海南国际仲裁院崖州湾种业国际仲裁中心在三亚成立。

6日

国家外汇管理局海南省分局崖州湾科技城办事处在三亚崖州湾科技城挂牌成立。

7日

乐东黎族自治县法院入选全国100家“为群众办实事示范法院”。

8日

海南省被列为全国油茶重点拓展区，计划到2025年全省油茶种植总面积达25万亩。

海口—吕梁—哈尔滨、海口—忻州—哈尔滨两条新航线开通。

9日

中国在文昌航天发射场使用长征七号改运载火箭，成功将实践二十三号卫星发射升空，卫星顺利进入预定轨道，发射任务获得圆满成功。

民航航空器冲击防护与安全评估重点实验室第一次学术委员会会议暨海南分实验室揭牌仪式在海口举行。

11日

海南洋浦区域国际集装箱枢纽港扩建工程正式开工。

“新加坡—三亚”国际航空货运航线通航。

海南省第二届高层次人才服务联络员技能大赛决赛举办。

海南省松涛水库入选社会主义革命和建设时期“人民治水·百年功绩”治水工程项目。

13日

首票“海口—深圳跨关区保税LNG加注”业务落地。

2023年海南省政府工作报告发布。海南自贸港制度集成创新三年行动60项任务全面完成，累计发布制度创新案例134项，其中8

项被国务院向全国复制推广、6项得到国务院大督查表扬。

17日

海南省第七届人民代表大会第一次会议修订通过《海南省人民代表大会议事规则》。

18日

“海南尖峰岭森林生态系统国家野外科学观测研究站”等20个野外站成为首批海南省野外科学观测研究站。

海南设立首批“国家热带植物种质资源库”等9个省级资源平台，加强优质科技资源有效集成和保护。

19日

《海口海关进一步优化口岸营商环境二十四条措施》发布。

省委、省政府办公厅印发《海南自由贸易港国际商事仲裁中心建设方案》。

五指山市黎族传统纺染织绣技艺非遗工坊“黎族织锦：传承传统技艺助力乡村振兴”入选2022年全国“非遗工坊典型案例”。

28日

海南自贸港首个自主研发的国产3CL口服小分子1类抗新冠病毒创新药——先诺欣（先诺特韦片/利托那韦片组合包装）获国家药监局特别审批程序，附条件批准在中国上市。

30日

海南省第一批创新型中小企业名单公布。

2023年2月

6日

《交通运输部 商务部 海关总署关于推进海南邮轮港口海上游航线试点落地实施的通知》印发。

海南自由贸易港建设项目2023年度（第一批）集中开工活动在全省各市县同步举行。全省共集中开工项目167个，总投资597亿元。

文昌国际航天城起步区一期工程正式开工建设，文昌国际航天城建设全面启动。

9日

三亚崖州湾科技城协助企业进境的首单非主要农作物种子“落户”全球动植物种质资源引进中转基地。

10日

海口海关辖区“种虾属地监管地点变更”的业务改革措施首单落地。

11日

省政府第1次常务会议召开，学习贯彻习近平总书记关于统计工作的重要批示精神，研究部署本省防范和惩治统计造假工作，审议《海南自由贸易港向香港开放专业服务市场十条措施》等文件。

海南4单位入选国家民委发布第十批全国民族团结进步示范区

示范单位。

13日

海南省第七届人民代表大会第一次会议在省人大会堂隆重开幕。（17日结束）

14日

海南省委书记沈晓明出访中国香港特别行政区、印度尼西亚共和国和越南社会主义共和国，开展高层会晤、综合推介、经贸招商、友城交流、侨务联谊等活动。这是新冠疫情发生后首位省级党委书记出访。（23日结束）

15日

三亚成立全省首家“依法治市”专家库。

水利部公布2022年度水利工程标准化管理水利部评价通过工程名单，海南省松涛水库、赤田水库入选。

16日

省长冯飞到省烟草专卖局调研本省烟草专卖管理、雪茄产业发展等情况。

2023年“行走的达沃斯”海南行活动举行。海南自由贸易港政策宣介交流会作为该活动重要组成部分，在海口举行。

中国石化海南炼化公司100万吨/年乙烯项目投料开车成功，实现了海南乙烯工业“零”的突破，成为海南打造千亿级产业集群的“龙头”。

17日

海南环岛旅游公路重点驿站大师工作营成果展在海口开幕。

18日

首届中国（海南）东坡文化旅游大会开幕式在海口举行。

20日

文昌清澜口岸首艘“零关税”进口游艇通关放行。

21日

海南省完成“第三次全国农作物种质资源普查与收集行动”，共征集和收集相关资源1180份，并通过农业农村部验收。

22日

经测算，三亚崖州湾科技城生态系统生产总值（GEP）为59.39亿元，这是海南首份园区GEP核算生态价值报告单。

海南（东盟）热带农产品数字交易平台在乐东黎族自治县文化中心揭牌，是海南首个热带农产品数字交易平台。

海口美兰国际机场获评2022年度“双碳机场”评价二星级机场称号，成为国内首批获得“双碳机场”认证的机场。

23日

省政府第2次常务会议召开，研究支持民营经济发展等工作，审议《关于支持民营经济发展的若干措施》等文件。

琼中黎族苗族自治县率先在全省实现国家规定的“每10万人配置100台自动体外除颤器（AED），重点场所AED设施全覆盖”目标。

24日

《海南自贸港私募基金行业发展报告2022》正式对外发布。

《海南省乡村旅游点等级的划分与评定（试行）》（2022年版）标准及其实施办法印发。

27日

海南社会保障卡“一卡通用”作为制度创新案例，得到国家发展改革委、商务部等部门采纳并在全国复制推广。

海南省高新技术企业发展大会在海口召开，为107家高新技术企业颁发2022年海南省高新技术领军企业、高新技术瞪羚企业以及高新技术种子企业牌匾。

28日

三亚—香港客运航线开通，标志着三亚往返香港的国际（地区）客运航线正式复航，这是新冠疫情发生以来三亚恢复的首条国际（地区）客运航线。

乐东黎族自治县第二人民医院国际门诊开业运行，这是海南农村基层医院首家国际门诊。

是月

海口海关关累计为18艘次国际航行船舶加注1.14万吨保税低硫燃料油，标志着海南自贸港跨关区保税油直供业务首次突破万吨大关。

2023年3月

1日

海南省农村产权交易中心在海口揭牌运营。

全国妇联在京举行“三八”国际妇女节纪念暨表彰大会，海南有17名个人和37个集体获得表彰。

2日

省长冯飞在海口会见瑞士历峰集团全球首席执行官朗博杰一行。

3日

海南省妇女儿童医学中心血液透析科正式运营，是海南省首个儿童血液透析专科。

5日

国务院总理李克强在2023年政府工作报告中指出，“发挥进博会、广交会、服贸会、消博会等重大展会作用”“已设21个自由贸易试验区，海南自由贸易港建设稳步推进”。

6日

海南4个村镇入选第十二批全国“一村一品”示范村镇，3个村入选2022年全国乡村特色产业产值超亿元村。

7日

省政府办公厅印发《加快渔业转型升级 促进海南渔业高质量

发展若干措施》。

8日

省政府办公厅印发《加快渔业转型升级 促进海南渔业高质量发展三年行动方案（2023—2025年）》。

海南发布首届“依法维护妇女儿童权益十大案例”。

9日

《海南自由贸易港营商环境白皮书（2022年）》发布。

10日

海关总署印发《洋浦保税港区政策措施（第一批）扩大至洋浦经济开发区试点实施方案》。

《老城科技新城管理体制改革方案》发布。

洋浦国际集装箱码头有限公司单日集装箱吞吐量首次突破8000标箱。

13日

第十四届全国人民代表大会第一次会议审议通过《全国人民代表大会关于修改〈中华人民共和国立法法〉的决定》，其中有3处对海南自由贸易港建设作出专门规定。

南美洲际航线（ESA2）“新福州”轮顺利完成在洋浦国际集装箱码头的首次靠泊装卸。

14日

海南召开全省领导干部会议并宣布中央决定：冯飞同志任海南

省委书记，沈晓明同志不再担任海南省委书记、常委、委员职务。

省政府办公厅印发《关于废止〈海南省小微企业贷款风险保障资金管理暂行办法〉等四个文件的通知》。

海南金椰分平台上线“城市信用共享”服务专区，实现海南各市县与浙江杭州、河南郑州等地跨区域个人信用“跨省互认”。

15日

全省领导干部大会在海口召开，传达学习全国两会精神，研究部署本省贯彻落实相关工作。

省委常委会召开会议，研究部署下一阶段安全生产、疫情防控等工作。

零时起，恢复海南59国入境免签政策。

《海南省促进总部经济发展管理办法》发布。

16日

省政府第3次常务会议召开，研究流域生态保护补偿机制、金融人才队伍建设等工作，审议《健全松涛水库流域生态保护补偿机制工作方案（2023—2025年）》等文件。

省政府党组第4次（扩大）会议召开，传达学习党的二十届二中全会精神、全国两会精神和全省领导干部大会精神，研究贯彻落实意见。

17日

海南省劳动人事争议联合调解中心、海南省新业态劳动争议联合调解中心、海南船员劳动争议联合调解中心揭牌成立。

18日

海关总署、财政部、税务总局发布《关于增加海南离岛免税购物“担保即提”和“即购即提”提货方式的公告》。

广西壮族自治区党政代表团来海南考察交流。（19日结束）

19日

全国首个租赁游艇夜航试点在三亚启动。

海口市、琼海市、文昌市等6个市县共12个村落入选第六批列入中国传统村落名录村落名单。

20日

省委深改委暨自贸港工委会议召开，研究洋浦保税港区政策措施扩大到洋浦经济开发区试点准备等工作。

中国银行香港分行发行首单海南自由贸易港离岸人民币债券。

海南智慧水网信息平台（一期）完成竣工验收。

21日

由海南省金融发展促进会和海南省投资商会联合创建的海南自贸港金融投资加速器在海口揭牌成立。

海南在北京、广州、西安、重庆四地同步举办第二场“百场万岗·四城同办”校招活动。

22日

海南大学等3家单位的9名专家入选2022年中国科协海智计划特聘专家。

海南国际仲裁院证券期货业调解/仲裁中心在海口揭牌成立。

海南首座县级科技馆——五指山市科技馆落成开馆。

23日

省委常委会召开会议，深入学习习近平总书记在参加十四届全国人大一次会议江苏代表团审议、在看望参加全国政协十四届一次会议的民建工商联界委员时的重要讲话，传达学习习近平总书记在中共中央政治局第三次集体学习时的重要讲话精神，研究部署本省贯彻落实工作。

24日

省委书记冯飞在海口会见雅诗兰黛集团全球总裁兼首席执行官傅懿德一行。

省政府印发《海南省城乡居民基本养老保险办法》。

25日

省委书记冯飞在儋州市调研强调，儋州要做好“港产城”融合发展文章，在全省高质量发展中发挥引领作用。

省政府印发《海南自由贸易港博鳌乐城国际医疗旅游先行区临床急需进口药品医疗器械管理规定》。

26日

中国首座深远海浮式风电平台“海油观澜号”在广东珠海启航前往海南文昌海域。

27日

全省优化营商环境大会在海口召开。省委书记冯飞强调要深入学习贯彻党的二十大精神，以更大力度、更实举措、更优服务加快打造一流营商环境，助推海南经济社会高质量发展。

28日

博鳌亚洲论坛2023年年会在琼海博鳌举行，主题是“不确定的世界：团结合作迎挑战，开放包容促发展”，来自50多个国家和地区2000多名代表参加。（31日结束）

省委书记冯飞在海口会见韩国济州特别自治道知事吴怜勋以及中核集团、中国华能、中国电信、中国能建等央企客人。

以“服务构建新发展格局 加快建设中国特色自由贸易港”为主题的央地深化合作座谈会在海口举行。66家央企和2家地方国企负责人参加座谈会。

国家技术转移海南中心在海口揭牌成立。

29日

国务院总理李强在海南调研强调，要坚持以习近平新时代中国特色社会主义思想为指导，深入贯彻党的二十大精神，坚持改革开放，高质量高标准建设海南自由贸易港，践行以人民为中心的发展思想，用心用情用力做好养老、医疗等民生工作，提高人民生活品质。

国务院总理李强在琼海博鳌会见博鳌亚洲论坛理事长潘基文等理事会成员、论坛咨询委员会和战略合作伙伴代表。

海南省委书记冯飞在琼海博鳌会见香港特别行政区行政长官李家超一行。

“蓬勃兴起正当时——海南全面深化改革开放五年来进展成效”首场新闻发布会在琼海博鳌亚洲论坛新闻中心举行。

海南自由贸易港联合国内外自由贸易区（港）共同发起全球自由贸易区（港）伙伴关系倡议。该倡议系海南签署的首个以自由贸易港伙伴关系为背景的国际友城合作备忘录。

全国第一个经编制部门批准在劳动人事争议仲裁院设立的涉外仲裁庭在三亚市劳动人事争议仲裁院揭牌成立。

海南省政府与金光集团APP（中国）在琼海博鳌签署战略合作协议。

交通运输部海事局大型巡航救助船“海巡03”轮在海口正式列编海南海事局。

《海南深化与RCEP成员国合作的十六条措施（2023年）》发布。

30日

国务院总理李强在琼海博鳌出席博鳌亚洲论坛2023年年会开幕式并发表题为《以人类命运共同体理念为引领 为世界和平与发展注入更多确定性》的主旨演讲。

国务院总理李强在琼海博鳌同出席博鳌亚洲论坛2023年年会的中外企业家代表座谈。

全国人大常委会副委员长武维华率全国人大常委会调研组来海南，围绕《中华人民共和国种子法》贯彻实施情况开展执法检查前期调研。其间，海南省委书记冯飞、代省长刘小明拜会了武维华一行。（4月4日结束）

海南省委书记冯飞在琼海博鳌分别会见新加坡总理李显龙、英国阿斯利康董事长雷夫·约翰森。

海南自贸港迎来首单进境飞机喷涂业务。

31日

海南省委书记冯飞在琼海博鳌分别会见科特迪瓦总理阿希、俄罗斯莫斯科动力学院校长罗家列夫·尼古拉·德米特里耶维奇、沙特基础工业公司首席执行官阿卜杜拉哈曼·阿尔-法季、中国农业银行董事长谷澍。

海南省高级人民法院与世界知识产权组织仲裁与调解中心签署合作协议。

南繁基地（乐东、三亚片区）水利设施建设工程主体完工，可为南繁科研育种基地500多个科研机构提供灌溉用水。

《2023年刚性引进“好院长”“好医生”公告》发布，海南面向全国刚性引进“好院长”“好医生”，一次性发放最高60万元安家费。

2023年4月

1日

2023中国种子大会暨南繁硅谷论坛在三亚举行，50多家种业及产业链相关企业参展。全国人大常委会副委员长、九三学社中央主席、中国科学院院士武维华出席开幕式并致辞。(4日结束)

2日

省七届人大常委会第二次会议在海口闭幕。会议决定任命刘小明为省人民政府副省长，接受沈晓明辞去海南省第七届人民代表大会常务委员会主任职务的请求，接受冯飞辞去海南省人民政府省长职务的请求，决定刘小明为海南省人民政府代理省长。

3日

代省长刘小明主持召开八届省政府第5次常务会议，重温习近平总书记关于海南工作的系列讲话和重要指示批示精神，研究分析本省2023年一季度经济运行情况，安排部署当前重点工作。

全省首批获准的海南自贸港“一线放开、二线管住”进出口政策试点扩区5家试点企业已全部完成政策全闭环落地。

海南颁发首张低速功能型无人车测试通知书。

海南首家种虾进口企业获AEO认证。

海南首批14名“首席创新官”正式上岗。

5日

海南炼化百万吨乙烯项目首个下游项目投产，中国石化SBCs装置产能由此跃居世界首位。

6日

省委深改委暨自贸港工委会议召开，研究部署全岛封关运作准备工作。

省委书记冯飞、代省长刘小明前往海南国际会展中心等地检查第三届中国国际消费品博览会筹备工作。

海南深海深层能源工程重点实验室被正式批准设立，落户澄迈县。

海南自由贸易港（陵水）国际传播中心暨陵水国际传播教育创新实训基地在陵水黎安国际教育创新试验区揭牌成立，系海南自贸港首个产学研融合国际传播中心。

7日

省委常委会召开会议，传达学习习近平总书记关于开展学习贯彻习近平新时代中国特色社会主义思想主题教育的重要讲话精神，研究本省贯彻落实工作。

省委书记冯飞、代省长刘小明在海口会见华润集团董事长王祥明一行。

9日

省委常委会会议、省委学习贯彻习近平新时代中国特色社会主义思想主题教育领导小组第一次会议分别召开，研究部署海南省开展主题教育相关工作，审议通过《海南省学习贯彻习近平新时代中国特色社会主义思想主题教育实施方案》《关于在全省各级党组织和广大党员干部中大兴调查研究的实施方案》等文件。

海南省委书记冯飞在海口会见来琼参加第三届中国国际消费品博览会的泰国副总理兼能源部长苏帕塔纳蓬·潘密朝一行。

10日

第三届中国国际消费品博览会在海口举办，中共中央政治局委员、国务院副总理何立峰发表视频致辞。本届消博会主题为“共享开放机遇、共创美好生活”，展览面积12万平方米，主宾国意大利，共有来自65个国家和地区的3382个消费精品品牌参展，总进场观众超32万人次，各类采购商和专业观众数量超5万人。（15日结束）

11日

全省学习贯彻习近平新时代中国特色社会主义思想主题教育动员大会召开，结合海南实际推动主题教育走深走实，扎实推进高质量发展。

海南省委书记冯飞在海口会见来琼参加第三届中国国际消费品

博览会的大冢（中国）投资有限公司董事长兼总经理北川满志一行，以及老挝人民革命党中央政治局委员、副总理吉乔·凯坎皮吞一行。

海南自由贸易港博鳌乐城国际医疗旅游先行区新加坡办事处在新加坡揭牌成立。

12日

一部全景式扫描海南自由贸易港建设各项成就的纪录片《奋楫扬帆海之南——海南自贸港建设纪实》，在中央广播电视总台财经频道（CCTV-2）播出。（14日结束）

13日

海南全面深化改革开放座谈会在海口召开，号召全省上下更加紧密地团结在以习近平同志为核心的党中央周围，以“功成不必在我”的精神境界和“功成必定有我”的历史担当，推动全面深化改革开放和中国特色自由贸易港建设行稳致远，为谱写中国式现代化的海南篇章而团结奋斗。省委书记冯飞发表讲话，代省长刘小明主持座谈会。

省委常委会会议暨省委理论学习中心组学习会召开，深入学习习近平新时代中国特色社会主义思想，听取全省贯彻落实习近平总书记两次“4·13”重要讲话精神汇报，研究部署下一步工作。省委书记冯飞主持会议。

洋浦保税港区简化企业申报政策扩区试点实施的首单业务落地，标志着洋浦保税港区简化企业申报等11项政策措施（第一批）扩区试点成功实施。

执行天舟六号飞行任务的长征七号遥七运载火箭安全运抵文昌

航天发射场。

新海陆岛物流园区起步区项目在海口动工建设，系海南首个商贸服务型国家物流枢纽。

未来海南自贸港第一高楼——海南中心项目正式完成“空中造楼机”的安装，系最新一代“空中造楼机”首次亮相海南。

中央广播电视总台《焦点访谈》栏目以《海南自贸港：勇立潮头更开放》为题，对海南自贸港建设五年来取得的进展进行了报道。

14日

省委常委会围绕深入开展学习贯彻习近平新时代中国特色社会主义思想主题教育、加快推进海南全面深化改革开放和自由贸易港建设召开务虚会，深入查找海南全面深化改革开放和自由贸易港建设中的突出问题，形成省委常委会牵头解决的全省性调研课题，以深化调查研究推动解决发展难题。省委书记冯飞主持会议，代省长刘小明等省领导出席会议。

代省长刘小明在海口调研全岛封关运作项目建设工作并主持召开推进会。（15日结束）

“科学”号海洋科考船圆满完成今年首个科考航次任务后从三亚口岸入境，系该科考船今年首次到访三亚。

海南自由贸易港与香港战略联动合作交流座谈会在海口举行，海南省委自贸港工委办和香港贸易发展局签订战略合作备忘录。

海关AEO制度解读宣讲会暨集中颁证仪式在海口举办。

15日

海南省七届人大常委会第三次会议在海口举行，会议表决通过《海南自由贸易港促进种业发展若干规定》《海南省劳动保障监察若

干规定》《海南自由贸易港土地管理条例》《海南省实施〈中华人民共和国野生动物保护法〉办法》等重要事项。（16日结束）

16日

省政府党组（扩大）会议暨理论学习中心组学习会议在海口召开，传达学习习近平总书记在中央主题教育工作会议上的重要讲话精神，贯彻落实全省主题教育动员大会精神，动员部署省政府党组主题教育工作。省政府党组书记、代省长刘小明主持会议。

17日

中共中央政治局委员、中央政法委书记陈文清在海南三亚、儋州、海口调研强调，政法机关要积极主动服务海南自由贸易港建设大局，加快构建风险防控体系，保障2025年封关运作安全。（19日结束）

省管领导干部学习贯彻习近平新时代中国特色社会主义思想和党的二十大精神研讨班在海口开班。省委书记冯飞作开班动员并作首场辅导报告，省委副书记、代省长刘小明作辅导报告。

海南省委书记冯飞、代省长刘小明在海口会见海关总署署长俞建华一行。双方围绕充分开展压力测试、探索建立与海南自由贸易港相匹配的新型海关监管体系等内容进行深入交流。

普华永道“未来空间”项目奠基仪式在三亚市举行，该项目系普华永道目前全球最大投资项目。

海南4个团组织、5名个人获全国五四红旗团委（团支部）、全国优秀共青团员、全国优秀共青团干部表彰。

18日

全国首张境外游艇驾照直换证书在三亚签发。

环岛旅游公路东方段建设两条动物通道，目前动物通道主体工程基本完工，将发挥保护动物、保护生态的作用。

儋州市首个城市餐厨垃圾专业环保处理工厂正式启用，系海南西部地区第一个餐厨垃圾处理厂。

19日

代省长刘小明在海口围绕海南自由贸易港重点园区高质量发展主题开展调研。

至当日，12年来海口海关共监管离岛免税购物金额1850亿元，购物人数3428万人次。

20日

省委书记冯飞结合开展学习贯彻习近平新时代中国特色社会主义思想主题教育，前往海口市调研政府服务中心和社区便民服务情况。

代省长刘小明在琼海市调研博鳌亚洲论坛特别规划区核心区概念规划及博鳌零碳示范区建设工作并主持召开座谈会。

21日

海南省级领导干部学习贯彻习近平新时代中国特色社会主义思想主题教育读书班在海口举行。省委书记冯飞、代省长刘小明等省领导，中央第十一指导组组长徐令义、副组长陈小平和指导组成员参加。

22日

以“新时代·新高地·新机遇”为主题的海南自贸港产业园区投资合作大会在海口举办。大会前夕，海南省委书记冯飞会见了参加大会的中国国际贸易促进委员会会长任鸿斌和企业代表。代省长刘小明参加会见，并在综合推介大会暨重点项目签约活动上致辞和证签。大会共签约项目38个协议，投资约414亿元。（24日结束）

23日

全国政协副主席周强率专题调研组到海南围绕“完善残疾人社会保障制度和关爱服务体系”开展调研。海南省委书记冯飞、代省长刘小明在海口拜会周强一行。全国政协常委、社会和法制委员会主任徐令义参加调研。（25日结束）

2023中国绿公司论坛暨企业绿色发展研究院年会全体会议在陵水黎族自治县召开。省委副书记、代省长刘小明出席会议并致辞。

代省长刘小明结合开展学习贯彻习近平新时代中国特色社会主义思想主题教育，前往陵水黎族自治县调研海南陵水黎安国际教育创新试验区高质量发展情况。

24日

交通运输部办公厅发布《关于组织开展交通运输区域执法协作试点示范工作的通知》，宣布建设五大区域执法协作试点示范区，海南所在的珠江流域及琼州海峡（部分省份）片区入选。

25日

文昌国际航天城管理局与深空探测实验室在安徽签署战略合作协议，双方约定在文昌建设深空探测实验室文昌基地。

27日

省委常委会召开会议，传达学习习近平总书记在广东考察时的重要讲话、对北京长峰医院发生重大火灾事故作出的重要批示精神，研究部署海南省贯彻落实工作。

省政府第6次常务会议召开，传达学习《省级党委和政府落实耕地保护和粮食安全责任制考核办法》和全国春季农业生产工作会议精神，研究部署海南省贯彻落实工作，审议《海南自由贸易港国际科技合作创新发展三年行动方案（2023—2025年）》等重大事项。

海南2个集体和12名个人分获全国五一劳动奖状、奖章，12个集体获全国工人先锋号。

“贯彻新发展理念 推动高质量发展——‘4·13’重要讲话发表五年来金融支持海南自贸港建设”新闻发布会在海口召开。

28日

省委书记冯飞在三亚崖州湾科技城调研深海科技产业发展情况。

代省长刘小明在海口开展以学习贯彻习近平新时代中国特色社会主义思想主题教育新成效推动全省教育高质量发展专题调研，并主持召开座谈会。

29日

省委书记冯飞、代省长刘小明在海口以“四不两直”方式暗访调研“五一”假期社会治安、安全生产工作、旅游消费市场情况和应急值班值守工作，看望慰问一线值班值守人员。

三亚国家野生稻种质资源圃农业设施工程全部完成，标志着全球最大的野生稻种质资源圃主体建成。

海南省演艺集团正式挂牌成立，拥有海南省歌舞团、海南省民族歌舞团、海口市艺术团等三大院团，运营海南省歌舞剧院、海南省非物质文化遗产展示中心等两大场馆。

30日

海南白石岭旅游区正式挂牌国家AAAA级景区，为海南第33个AAAA级旅游景区。

后 记

为集中展示海南全面深化改革开放和中国特色自由贸易港建设五年来的重要成绩，海南省委深改办、省委党史研究室组织编撰了《海南全面深化改革开放和中国特色自由贸易港大事记（2018年4月—2023年4月）》一书。

本书由集体征研和编撰而成，记录2018年4月至2023年4月5年间涉及海南全面深化改革开放和中国特色自由贸易港建设各方面的大事。在编写的过程中衷心感谢省委办公厅、省委政研室、省人大常委会办公厅、省政府办公厅、省政协办公厅等单位对本书的指导与支持。

由于时间仓促，本书难免有疏漏和不当之处，恳请广大读者批评指正。